AF144856

Für Lutz

„Du kannst alles schaffen, wenn Du es willst."

JÉRÔME CANTU

WIE IM DREHBUCH!

Bibliografische Information der Deutschen Nationalbibliothek:
Die Deutsche Nationalbibliothek verzeichnet diese Publikation in der Deutschen Nationalbibliografie; detaillierte bibliografische Daten sind im Internet über http://dnb.dnb.de abrufbar.

© 2013 Jérôme Cantu

Covergestaltung: **Jérôme Cantu**
Lektorat: **Linda Erdmann**
Dramaturgische Beratung: **Jonas Marowski**

Herstellung und Verlag: BoD – Books on Demand, Norderstedt

ISBN: 978-3-732-293438

„Fortes fortuna adiuvat.“

-

„Dem Mutigen hilft das Glück.“

Prolog

Mit langsamer, gleichmäßiger Unaufhaltsamkeit versank die Sonne hinter den Dächern der Hauptstadt. Die kalten Schatten auf dem Schrottplatz wurden länger und verliehen den chaotischen Gebilden aus abgewrackten Autoteilen und Metallstücken eine bedrohliche, unbarmherzige Atmosphäre.

Ungeduldig trat Marius von einem Fuß auf den anderen. Er überlegte, ob er sich eine weitere Zigarette drehen sollte, sah dann aber die zwei bereits ausgetretenen Stummel auf dem Boden liegen und entschied sich stattdessen für einen weiteren nervösen Blick auf seine Armbanduhr. Sie waren zu früh. Er konnte nur hoffen, dass ihr Gegenüber sie nicht warten ließ. Lange würde er diese Anspannung nicht mehr aushalten.

„Mann, ich fühle mich wie bei *Mad Max*", sagte er mit einem müden Lächeln auf den Lippen und in dem verzweifelten Versuch, die gespannte Stimmung ein wenig aufzulockern. Myriam, die neben ihm stand, blickte ihn nur verständnislos an. „Wegen des ganzen Mülls hier. Ach, vergiss es." Er beendete den Vorstoß, sie in ein Gespräch zu verwickeln. Vermutlich war ihr gerade ebenso wenig nach Scherzen zu Mute wie ihm.

Sie schwiegen sich eine Weile an während sie wartend inmitten dieses Friedhofs der

Autoindustrie nebeneinander standen. Immer wieder versicherte sich Marius, dass der schwarze Koffer, den sie mitgebracht hatten, neben seinem Fuß stand. Er hoffte inständig, dass alles glatt gehen würde. Was war, wenn der Kerl gar nicht auftauchte? Schon am Telefon schien er nicht besonders erpicht darauf gewesen zu sein, sich mit ihnen auf einem Schrottplatz zu treffen. ‚Und ich verstehe ihn gut‘, dachte Marius, als er sich in der immer dunkler werdenden Umgebung umsah.

Plötzlich hörte er das Knirschen von Reifen auf dem Kiesboden und kurz darauf durchschnitten die grellen Lichter zweier Xenon-Scheinwerfer die aufkommende Dunkelheit. Marius sah erneut auf die Uhr. Pünktlich auf die Minute. Eigentlich hatte er nichts anderes erwartet. Ein schwarzer 7er BMW bog um die Ecke aus aufgestapelten Karosserien und hielt wenige Meter vor Marius und Myriam an. Der Motor wurde abgeschaltet und verstummte mit einem leisen, turbinenhaften Surren. Das Standlicht blieb eingeschaltet. Die Fahrertür schwang auf und heraus stieg ein mittelgroßer Mann in einem anthrazitfarbenen Halbmantel, den Marius zunächst nur schemenhaft erkennen konnte. Er schloss die Tür und trat auf die beiden zu in das Licht der Scheinwerfer.

„Ein bisschen melodramatisch, findet ihr nicht?", gab der Mann ihnen in heiserem Tonfall herüber. „Andrerseits, was hätte ich von einem Filmfreak wie ihnen auch erwarten sollen?" Das Gesicht des Mannes verzog sich zu einer Grimasse, als er das schiefe Grinsen auflegte, das Marius schon einige Male an ihm gesehen hatte.

„Also, was habt ihr für mich?"

Marius schluckte und brauchte einen Moment, um seine Sprache wieder zu finden. Myriam sah angespannt von einem zum anderen und blickte sich dann unsicher um, als suche sie etwas in den dunklen Metallhaufen rings um sie herum. „Alles, was wir ihnen schulden, befindet sich hier drin", gab Marius schließlich von sich und deutete mit dem Fuß auf den schwarzen Koffer neben sich. „Ich hoffe, damit sind wir quitt und sie lassen uns ab jetzt in Ruhe?" Sein letzter Satz hatte viel mehr als Frage geklungen als Marius es ursprünglich beabsichtigt hatte.

„Sicherlich, ein Deal ist ein Deal", gab der Mann abermals grinsend zurück. „Darf ich mal sehen?"

Marius nickte nur kurz und spürte, wie sein ganzer Körper sich anspannte. Die nächsten paar Minuten würden darüber entscheiden, ob sie alle heil aus der Sache heraus kommen würden oder nicht.

„Sssssscht! Seid mal still!" sagte Myriam plötzlich, als sich der Mann gerade in Richtung Koffer in Bewegung setzen wollte. „Hört ihr das?" Der Mann hielt inne und alle drei lauschten in die Dunkelheit. Waren das Motorengeräusche da im Hintergrund? Ja, eindeutig! Hinzu kam das erneute Knirschen von Autoreifen, die in schnellem Tempo über den Schrottplatz in ihre Richtung fuhren. Irritiert blickte der Mann Marius an.

„Was soll das?! Wer kommt denn noch?", sagte er in einer Art schrillem Flüstern, das seine eigene Anspannung verriet. Marius schüttelte als Antwort nur kurz den Kopf.

„Fuck! Das sind die Bullen!", entfuhr es Myriam plötzlich und kurz darauf sah Marius das zuckende Aufflackern blauen Blitzlichts, welches von den gespenstischen Metallstrukturen reflektiert wurde. „Die Bullen?!", rief der Mann mit aufkeimender Panik aus. „Ihr habt die Bullen gerufen?!" „Nein, haben wir nicht!", beteuerte Marius. „Keine Ahnung!", fügte er an, um seiner vorherigen Aussage mehr Überzeugungskraft zu verleihen.

„Wir müssen abhauen! Schnell!", fauchte Myriam die beiden Männer an. „Los, sonst haben sie uns gleich!" „Okay!", stimmte Marius ihr zu und griff nach dem Koffer. Sein Gegenüber blickte sich irritiert um, war aber sonst zu keiner Regung fähig.

Das Blitzen des Blaulichts wurde heller während die Motorengeräusche schnell näher kamen. Myriam hatte sich schon in Richtung ihres Autos in Bewegung gesetzt.

„Los, macht hinne! Die sind gleich da!" Marius hielt den Koffer in seinen Händen und wollte sich gerade umdrehen, als er sah, dass der Mann im Halbmantel sich immer noch nicht bewegte. „Worauf warten sie noch, Mann! Wollen sie geschnappt werden?" Der Mann schien zu überlegen. Anscheinend hatte er seine Fassung wieder gefunden, doch zu Marius großem Erstaunen machte er keinerlei Anstalten die Flucht anzutreten. Im Gegenteil. Er drehte sich in Richtung des Blaulichts... Und nahm die Hände hoch.

‚Scheiße! Das kann doch nicht sein Ernst sein' dachte Marius. Der Kerl würde die ganze Sache ruinieren! Auch Myriam war, nachdem sie gesehen hatte, was der Mann getan hatte, konsterniert stehen geblieben. Sie blickte mit einer Mischung aus Panik und Irritation erst den Mann und dann Marius an.

Was sollten sie jetzt tun? Abhauen?

Hier bleiben und zusehen, wie die ganze Aktion den Bach runter ging?

Zu spät. Mit blitzend-hellem Blaulicht schoss ein Mannschaftswagen der Polizei um die

Ecke und machte eine Vollbremsung direkt hinter dem BMW des Mannes.

Sekunden später flogen die Türen des Transporters auf und Beamte des Sondereinsatzkommandos in schwarzer Kampfmontur sprangen heraus. Taschenlampen huschten über Metallschrott, Autos, Marius, Myriam und den Mann. Marius ließ den Koffer fallen und nahm instinktiv die Hände hoch. Er seufzte und ließ sein Kinn auf die Brust sinken.

Als ihn schließlich die Hand eines SEK-Beamten im Nacken packte und ihn zu Boden drückte, wusste er, dass die ganze Nummer gehörig schief gegangen war.

Wie sollte es jetzt bloß weitergehen?

1.

Der Mann, der da gerade vom SEK zu Boden geworfen wurde, bin ich – Marius.

Wie es überhaupt so weit kam? Nun, das ist eine verzwickte aber wie ich finde im Nachhinein durchaus amüsante Geschichte, die ich gern erzählen möchte.

Wenn mir jemand anderes diese Geschichte erzählen würde, bei der es um eine wunderschöne Frau und eine Tasche voller Drogen geht, würde ich ihn fragen, aus welchem Film er das wohl hat. Klingt wie das Grundkonzept einer durchschnittlich ambitionierten deutschen Gangsterkomödie. Eine kleine Liebesgeschichte, ein sympathischer Chaot, ein witziger Klischee Ausländer, ein bisschen *Nora Tschirner* und schon hat man den erhofften Erfolg an der Kinokasse. Unglaubwürdig, aber erfolgreich. Aber immer der Reihe nach.

Wie gesagt, mein Name ist Marius, ich bin 30 Jahre alt und von Beruf Journalist. Viele Leute sagen mir, ich sehe ein bisschen aus wie *Johnny Depp* für Arme. Gut, die meisten drücken das nicht ganz so drastisch aus, aber ich denke sie haben nicht völlig Unrecht. Ich habe halblange schwarze Haare, eine noble Blässe die selbst *Edward* die Schamesröte ins Gesicht treiben würde, einen kleinen Spitzbart und bin von eher schmaler Statur. Ich bin nicht gerade das, was man den „sportlichen Typ" nennen würde. Durch ein paar glückliche Zufälle schreibe ich als freiberuflicher Filmkritiker für ein paar durchaus anerkannte Tageszeitungen. Meinen eigentlichen Durchbruch hatte ich aber letztes Jahr mit der Veröffentlichung meines ersten Romans: *Großstadtromantik.* Von mir völlig unerwartet landete mein Buch plötzlich auf den Bestsellerlisten und ich wurde quasi über Nacht zum gefeierten Newcomer-Autor. Während ich die Geschichte erlebte, von der ich erzählen will, stand mein Buch kurz vor der Verfilmung durch meinen besten Freund Victor. Mit ihm zusammen hatte ich auch das Drehbuch geschrieben. Wie sich später zeigen wird, war der geplante Dreh ein nicht ganz unerheblicher Teil der vielen Verwicklungen meiner kleinen Erlebnisreise. Dazu aber später mehr. Jetzt möchte ich mit der eigentlichen Story beginnen.

Und dafür beginne ich am besten am Anfang.

2. FLASHBACK – Das Wiedersehen

„Marius?"
Wie durch einen lauten Knall wurde ich aus meiner eigenen Gedankenwelt gerissen. Ich

stand, ein Glas Prosecco in der Hand, im Foyer des *Kino International* in Berlin. Ich hatte gerade zwei nahezu unerträglich lange Stunden mit der Ansicht eines in Deutschland produzierten Kinofilms zugebracht. Wie üblich war ich auf dessen Premierenfeier eingeladen worden, ohne auch nur entfernt etwas mit der Produktion oder den Menschen hinter dem Projekt zu tun gehabt zu haben. Mein Status als C-Prominenter kombiniert mit meiner eigentlichen Arbeit als Filmkritiker hatten mir in letzter Zeit unzählige dieser Einladungen eingebracht. Ich weiß, viele Menschen würden sich glücklich schätzen, einmal als Gast zu einer Filmpremiere geladen zu werden. Aber zum Einen war das für mich Teil meines Jobs, zum Anderen hatten die meisten Premieren auch nicht mehr Charme als der Adventsbasar einer Kirchengemeinde – womit ich vermutlich einer Menge Kirchengemeinden Unrecht tue.

„Marius?"

Ich drehte mich langsam um. Ich kannte die Stimme. Tief, kräftig, ein wenig rau aber ungemein sympathisch. Kurz darauf blickte ich in das Gesicht von Bull – und traute meinen Augen nicht.

Bull ist ein alter Schulfreund von mir und heißt eigentlich Thomas. Aufgrund seiner Statur hatte er aber damals schnell den Spitznamen „Bull" weg: als zwei Meter großer Fitnessfanatiker arbeitete er jetzt ebenfalls in der Filmbranche, als Pyrotechniker und Waffenexperte. Bull war ein netter Kerl und viel sanfter als sein Aussehen vermuten ließ. Während der Schulzeit hatten wir zusammen viel Spaß gehabt, uns aber irgendwann aufgrund eines Streits ziemlich radikal aus den Augen verloren.

Wenn ich heute an unsere Auseinandersetzung von damals zurückdenke, erinnere ich mich nur noch daran, dass es um eine gemeinsame Geschäftsidee gegangen war, aus der ich im letzten Moment einen Rückzieher gemacht hatte. Warum genau weiß ich nicht mehr, aber es hatte dazu geführt das Bull zur Bundeswehr gegangen war und sich wenig später zum erlauchten Kreis der Minentaucher zählen konnte. Wir hatten seit unseres Streits keinen Kontakt mehr gehabt, aber über entfernte Bekannte hatte ich erfahren, dass er vor einiger Zeit die Armee verlassen und sein Wissen über Sprengstoff und Waffentechnik in den Dienst der Filmbranche gestellt hatte. Soweit mir bekannt war, arbeitete er nun großteilig für Fernseh-Produktionsfirmen wie zum Beispiel *action concept*, die sich für solche Perlen der deutschen Fernsehlandschaft wie *Alarm für Cobra 11* und *Lasko-Die Faust Gottes* verantwortlich zeigten.

„Bull?"

Im ersten Moment wusste ich überhaupt nicht, wie ich reagieren sollte. Gerade noch hatte ich ein Gespräch mit einem etwas überspannten Filmblogger zu Ende gebracht, das dadurch gekennzeichnet war, dass der Mann während er sprach ständig links und rechts über meine Schulter hinweg geblickt hatte. Vermutlich immer in der Hoffnung auf die Chance eine Unterhaltung mit einem noch interessanteren Gegenüber zu ergattern. Und nun stand mein ehemaliger bester Freund vor mir, den ich seit fast zehn Jahren nicht gesehen hatte und mit dem ich damals im Streit auseinander gegangen war. Bull hatte mich komplett auf dem falschen Fuß erwischt. Zu meiner Erleichterung grinste mich der Zwei-Meter-Mann freudestrahlend an, was mir den Einstieg deutlich vereinfachte.

„So hat mich ewig keiner mehr genannt."

Jetzt musste ich selbst lächeln. Ich fand meine Sprache wieder und fragte: „Was machst du denn hier?"

„Ich hab bei dem Film mitgemacht. Ich arbeite jetzt als Pyrotechniker." ‚Ach herrje!', schoss es mir im ersten Moment durch den Kopf. Ich versuchte krampfhaft mein Lächeln aufrecht zu erhalten. „Wow, cool", gab ich phrasendreschend zurück.

Zu meinem Glück wurde die Situation schnell durch den Auftritt einer hübschen jungen Frau entschärft, die sich mit unauffälliger Eleganz an Bulls Seite gesellte.

„Oh, das ist Myriam", stellte Bull uns vor. „Sie arbeitet als Produktionsassistentin für die Firma, die den Film mitproduziert hat."

„Hi, Marius", stellte ich mich vor.

„Hi. Ich weiß, wer du bist. Ich hab dein Buch gelesen. Hat mir echt gut gefallen", gab sie freundlich zurück, während wir uns kurz die Hände schüttelten. „Danke", erwiderte ich fast schüchtern und versuchte zu ignorieren wie Myriam mich mit einem schnellen Blick von Kopf bis Fuß musterte. Ich kannte diese Art, von anderen Menschen begutachtet zu werden... und sie gefiel mir gar nicht. Jedes Mal schien in den Köpfen meiner Gegenüber die gleiche Platte abgespielt zu werden, die nur eine einzige Aussage enthielt: ‚Hm, so sieht also der Autor eines Bestsellerromans aus. Hatte ich mir irgendwie beeindruckender vorgestellt'. Wie aus Trotz unterzog ich Myriam der gleichen Musterung, allerdings mit einem deutlich positiveren Ergebnis: Lange Haare mit blonden Strähnchen, aufwändiges aber gekonnt eingesetztes Make-up und ein Kleidungsstil, der sich irgendwo am Rande des Anstands bewegte, machten sie zu einem ziemlichen Hingucker. Als militanter Dauersingle war ich sofort angetan.

„Und, wie fandst du den Film?", unterbrach Bull meine kurze Fleischbeschau.

„Ähm... joa", erwiderte ich stotternd, was Bulls Lächeln noch breiter werden ließ.

„Ich weiß, Actionfilme sind nicht gerade das, was wir Deutschen am besten können. Und ganz unter uns: Ich fand den Film totalen Bullshit. Aber was soll ich machen?" Bei seinen letzten Sätzen hatte sich Bull verschwörerisch nach vorn geneigt und mir fast ins Ohr geflüstert, was mich erneut zum Grinsen brachte.

„Aber wenigstens sind die Premierenpartys ganz geil", mischte sich Myriam ebenfalls flüsternd in unseren kleinen Kreis der Konspiranten. Damit hatte sie mich endgültig für sich gewonnen.

Den Rest des Abends waren wir drei kaum noch zu trennen. Noch bevor uns die Shuttlebusse zur Location der *After-Show-Party* kutschierten, hatte Bruder Alkohol unsere Laune auf Höchstniveau katapultiert. Bull und ich erzählten von alten Dummheiten, die wir gemeinsam in Schulzeiten begangen hatten und tauschten uns über aktuelle Entwicklungen und alte Bekannte aus, bis die Bässe der Tanzfläche jede Unterhaltung unmöglich und im Endeffekt auch überflüssig machten. Wir tranken, lachten, rauchten mehrere Joints gemeinsam und schließlich nahm Myriam Bull und mich mit auf eine der Toiletten, wo wir uns ein paar Lines hervorragendes Koks rein zogen. Es zeigte sich, dass Myriam gute Verbindungen hatte und an so ziemlich jeden Stoff ran kam, den man sich wünschen konnte. Dass ich diese „Verbindungen" einmal hautnah erfahren sollte, hätte ich mir zu diesem Zeitpunkt noch nicht träumen lassen.

Unterm Strich hatten wir drei auf dieser Party, die ich nach Ende des Films noch als totale Zeitverschwendung angesehen hatte, eine Menge Spaß und ich wurde direkt zur nächsten Feierlichkeit eine Woche später eingeladen. Dieser folgte die nächste, die übernächste und so weiter. Zwischendurch erfuhr ich von den beiden, dass sie gar nicht „offiziell" zusammen waren sondern einfach gern gemeinsam feiern gingen... was in der Regel im Bett endete. Es dauerte also nicht lange und wir wurden zu einem berüchtigten *Trio Infernale:* Alkohol, Drogen und jede Menge laute Musik versüßten uns die Wochenenden und auch so manche Nacht innerhalb der Woche – der große Vorteil des feiernden Freiberuflers. Während ich tagsüber von endlosen Skype-Konferenzen, Telefonaten, Überarbeitungen und E-Mails geplagt wurde, konnte ich es kaum erwarten den Laptop zu schließen und hirnlose SMS wie *„was geht heute Abend?!"* in mein Smartphone zu tippen. Und meistens ging auch etwas. Bis Bull dann eines Tages die Stadt verlassen musste, um am nächsten Filmdreh mitzuarbeiten...

3.

Nur wenige Menschen wissen, wie schwierig es in Deutschland ist einen Kinofilm zu drehen. Wer in den USA eine gute Story und entsprechende Kontakte hat, findet leicht einen Produzenten, der die Geschichte weiterentwickelt, seine eigenen Verbindungen anzapft und schließlich einen Deal mit einem Verleiher oder Sender an Land zieht.

Wenn man in Deutschland das Glück hat, dass sich ein Produzent für das Projekt interessiert, geht die Jagd nach dem Goldschatz erst richtig los. Kaum eine Produktionsfirma hat die Mittel auch nur die Vorproduktion des Films komplett aus eigener Tasche zu bezahlen. Die gesamte Filmwirtschaft basiert auf einem komplexen Netzwerk von staatlichen und privaten Förderinstitutionen, deren Regeln und Statuten dem cineastischen Idealisten die Tränen in die Augen treiben.

Nachdem Victor und ich einen Produzenten für *Großstadtromantik* gefunden hatten, was sich nach dem Erfolg des Buches als nicht allzu schwierig herausstellte, wurden zunächst in einem endlosen Papierkrieg

Stoffentwicklungs- und Vorproduktionsförderungen beantragt. Ein nervenaufreibender Prozess, dessen Erfolg von einer Mischung aus der Präsentation des Projekts, vorangegangenen Erfolgen des Produzenten sowie dessen Draht zu den Entscheidungsgremien der Förderinsitutionen abhing. Einige Gelder bekamen wir, einige nicht. Zu unserem Glück war unser Produzent Adam mit vielen Wassern gewaschen. Obwohl er manchmal, so kam es mir zumindest vor, eher von bayrischer Gemütlichkeit denn vom Tatendrang eines jungen Filmemachers geprägt war, schaffte er es innerhalb von einem Jahr Filmförderungen, Co-Produzenten, Lizenzverkäufe und Sponsorings an den Start zu bringen. Dieses komplexe Netzwerk sollte uns nun ermöglichen den Film tatsächlich zu drehen. In meiner anfänglichen Naivität hatte ich gedacht, als Autor der Romanvorlage und Co-Autor des Drehbuches wäre meine Arbeit mit der Ablieferung des fertigen Scripts getan – weit gefehlt. Neben unzähligen Veränderungen und Überarbeitungen am Drehbuch vernichtete ich Quadratkilometer an Regenwald mit der Anfertigung von Synopsen, Treatments, Figurenbeschreibungen, künstlerischen Statements und Pressemitteilungen. Bis heute kann ich mir schwer vorstellen, dass jemand diese Tonnen an bedrucktem Papier wirklich gelesen hat und es nicht nur die Aktenschränke der Förderer füllte – aber dieses Geheimnis wird mir wohl auf ewig verschlossen bleiben.

Nun waren es nur noch 5 Tage bis zum Drehbeginn. Sogar in mir machte sich jetzt eine gewisse Aufregung breit, und ich war froh, an diesem Abend zur Einweihungsparty von Sandras neuer Wohnung eingeladen zu sein. Ich weiß noch, wie ich mir am Tag der Party gewünscht hatte, einfach ein bisschen was von dem Stress und der Nervosität vergessen zu können. Doch wie heißt es so schön: Sei vorsichtig mit dem, was du dir wünscht – es könnte in Erfüllung gehen.

4.

Sandra ist seit der Schulzeit meine beste und engste Freundin. Sie arbeitet selbstständig als Fotografin und Social-Media-Campaign Designerin. Auch beruflich haben wir schon oft miteinander zu tun gehabt. Sie ist eine zierliche Powerfrau mit unzähmbarer brauner Lockenpracht, einem Kleidungsstil, der irgendwo zwischen schick, alternativ und praktisch zu finden ist und hat einen herrlichen Sinn für Humor. Genau wie ich war sie lange Jahre überzeugter Dauersingle, was uns aber nicht davon abhielt, zwei kurze Affären miteinander zu haben. Bei unserem zweiten

Techtelmechtel hätte, zumindest von meiner Seite aus, durchaus etwas Ernsthaftes daraus werden können, aber erst hatte ich die Sache gründlich versaut und dann lernte Sandra Martin kennen. Martin war Wirtschaftsprüfer bei einer großen Kanzlei und politisch „sehr aktiv". Außerdem gehörte er seit dem Studium irgendeiner Studentenverbindung an, was wohl Hand in Hand mit seinem politischen Aufstieg ging. Zumindest glaube ich, dass er in einer Burschenschaft war – wenn nicht, in einem Drehbuch hätte ich ihm diese Eigenschaft verpasst.

Victor, ich, und manch andere, die Sandra lange kannten, fanden Martin gelinde gesagt totlangweilig. Wenn er nicht gerade demagogisch die Schwächen der politischen Opposition anprangerte oder ungefragt Zahlen zur Unterstreichung des wirtschaftlichen Niedergangs der westlichen Gesellschaft dozierte, war er für wenige Konversationen ein Gewinn. Seine mitgebrachten Freunde und Kollegen - oder war die richtige Bezeichnung dafür „Korporierte"? - separierten sich immer schnell zu eigenen Gesprächskreisen und gemeinhin waren Sandras und Martins gemeinsame Interessen nicht gerade offensichtlich. Allerdings war Sandra Ende Zwanzig und seit kurzem in einem beruflichen Lebensabschnitt angekommen, den man „etabliert" nennen konnte. Im Gegensatz zu ihrer durchaus alternativen Lebensart hatte sich in ihr das Gefühl breit gemacht, langsam erwachsen werden und von nun an auf solide, langjährige Partnerschaften setzen zu müssen. Ob dies jetzt als hörbares Ticken der biologischen Uhr oder einfach nur als eine komische, bürgerlich geprägte Lebensphase zu werten ist, lasse ich an dieser Stelle mal offen. Jedenfalls waren Sandra und Martin nach nur einem halben Jahr Beziehung zusammengezogen – und heute Nacht fand ihre Einweihungsparty statt.

5.

Victor war früh gegangen, weil am nächsten Tag harte Arbeit mit den Drehvorbereitungen auf ihn zu kam und er zudem noch etwas kränkelte. Mit ihm entschwand der einziger Gesprächspartner, den ich unter den Partygästen kannte und für einige Zeit wusste ich nicht so recht, was ich mit mir anfangen sollte. Die Party selbst hatte mich auch etwas aus dem Gleichgewicht gebracht. Der Grund dafür war, dass sie sich völlig anders gestaltete, als ich erwartet hatte. Dazu muss ich allerdings gestehen, dass ich mich insgesamt nur noch mit viel Mühe an die Anfänge dieser Nacht erinnere – wenn ich also von meiner Erinnerung berichte, ist mein

Gedächtnis vermutlich eingefärbt, da nur noch die für mich prägnantesten Ereignisse und Eindrücke hängen geblieben sind.

Jedenfalls hatte ich mit einer Feier gerechnet, wie sie Sandra noch vor ein paar Monaten in ihrer WG veranstaltet hatte: ein kleines, aber selbstgemachtes Buffet mit ein paar Knabbereien, überall stehen mitgebrachte Bierflaschen mit unterschiedlichem Füllstand herum, ein paar Pullen Wein werden herumgereicht und aus unerklärlichem Grund sammelt sich alles dicht gedrängt in der zu kleinen Küche und raucht.

Diese Einweihungsparty jedoch ähnelte eher einem Cocktailempfang des *Lions Club Berlin*. Adrett gekleidete Männer in kaum zu unterscheidenden Anzügen gesellten sich mit eingeübtem Charme zu stilvoll herausgeputzten Frauen, von denen vermutlich die eine Hälfte Jurastudentinnen und die andere Hälfte Buchhalterinnen war. Ich muss allerdings zugeben, dass diese Feier hervorragend in die Umgebung passte. Die großzügige Berliner Altbauwohnung lag in einem offensichtlich gepflegten Haus und war äußerst teuer und exquisit eingerichtet. Schon für den Duschvorhang wäre ich deutlich zu geizig gewesen, geschweige denn für den gigantomanischen Flachbildfernseher, dem ein eigener Raum in der Wohnung gehörte. Nur an wenigen Stellen sah man Sandras

Geschmack durchbrechen. Sie hatte vermutlich das Bad gestalten und die Kunstwerke im Flur aufhängen dürfen. Ansonsten war die Wohnung nahezu tapeziert mit Bildern von Sandra und Martin, die sie als glückliches Pärchen zeigten. Hier waren sie gemeinsam auf den Malediven, dort auf einer Segelyacht und da bei der ersten Golfstunde. In Sandras alter Wohnung hatte sie zwar jede Menge künstlerische Fotografien an den Wänden gehabt – in Bezug auf Bilder von Freunden oder Familien hatte sie sich aber auf ein kleines Foto ihrer Eltern beschränkt. Diese offensichtliche zur Schau Stellung des anhaltenden Pärchenglücks passte überhaupt nicht zu ihr – hatten ihre bisherigen Beziehungen doch kaum mehr als drei Monate gehalten. Als ich in einem Regal im Flur schließlich einen Bildband über „Babyfotografie" fand, den Martin ihr der Widmung entsprechend zum Geburtstag geschenkt hatte, merkte ich endgültig eine leichte Übelkeit aufkommen.

Ich erinnere mich noch genau, wie ich mich fragte, wo denn die unbeugsame Single-Frau hin verschwunden war, in die ich mich einst verliebt hatte. Und mit dieser Frage erwuchs das Gefühl, dass ich einer ganz großen Fehleinschätzung zum Opfer gefallen war: Ich hätte damals nie für möglich gehalten, das die Zeiten sich einmal ändern würden.

Sandra sah immer noch bezaubernd aus, auch wenn sie ihre Kleiderwahl der Umgebung angepasst hatte. Statt Jeans, gestreiftem Longsleeve-Top, Schal und einem taillierten Blazer trug sie jetzt ein schwarzes Cocktailkleid und hohe Schuhe. Und statt entspannt in der Ecke zu sitzen und mit rauchender Zigarette den Boden eines Weinglases zu erkunden, eilte sie nun von Grüppchen zu Grüppchen, betrieb Konversation und schien kaum ein Wort ohne ein Lächeln auf den Lippen zu sagen. Dies wiederum begrenzte unsere Gesprächszeit an diesem Abend auf ein paar wenige Sätze mit inhaltslosem Frage-und-Antwort-Spiel. Da mich die Gespräche der restlichen Anwesenden über Kapitalmarktentwicklungen oder die Ungerechtigkeit des Steuersystems für Großverdiener wenig faszinierten und zum Teil sogar abstießen, fühlte ich mich nun endgültig deplatziert. Selbst wenn ich mal kurzzeitig Teil einer Gesprächsrunde war, hatte ich das Gefühl, als einziger anwesender „Künstler" doch eher wie eine Art Hofnarr betrachtet zu werden – ganz amüsant und gut für einen was-es-auf-dieser-Welt-nicht-alles-gibt-Blick, aber kein ernstzunehmender Meinungsträger.

Diese Situation änderte sich schlagartig, als ich eine SMS von Myriam bekam, die nachfragte, wo sie denn für die Party hinmüsse. In meiner anfänglichen Naivität hatte ich sie fröhlich zu Sandras Party mit eingeladen. Da Bull gerade nicht in der Stadt war, wusste ich, dass sie sonst alleine hätte losziehen müssen und zum Zeitpunkt der Einladung war ich noch von dem üblichen, zwanglosen *Get-Together* ausgegangen. Sandra wiederum hatte das ganze abgenickt und jetzt wurde mir klar, dass Myriam mein einziger Ausweg aus dieser drögen Veranstaltung war. Ich schrieb ihr eifrig zurück und kurze Zeit später stand sie in der Tür. Wir bildeten sofort ein Pärchen und begannen nach nur kurzer Aufwärmphase ein wenig über die anwesenden Partygäste zu lästern, die zwar meist in unserem Alter waren, sich aber gaben, als wären sie schon zehn Jahre älter und fünf Sprossen auf der Karriereleiter höher. Sandra schien dieses plötzliche Ungleichgewicht in der Partyatmosphäre zu spüren und versuchte nach einiger Zeit, die Stimmung ein wenig aufzubrechen, was aber wiederum von Martins ständigem Bestreben torpediert wurde, eine gewisse Ordnung in der Wohnung aufrecht zu erhalten. Es hätte nur noch gefehlt, dass er mit dem Staubsauger um die Gäste herumgeputzt hätte.

Nichtsdestotrotz taute die Feier mit fortlaufender Zeit und steigendem Alkoholpegel ein wenig auf. Es wurde Musik aufgelegt. Einige Damen zogen sogar ihre hohen Schuhe aus und begannen im inzwischen abgedunkelten Zimmer mit den Männern zu tanzen, die es gewagt hatten, die Sicherheit von Jackett und Krawatte aufzugeben. Zu dieser Zeit hatte sich Martin bereits mit seinen Kumpanen in das Fernsehzimmer verzogen, das mir wie eine Art Clubhaus vorkam.

Myriam und ich, beschwingt durch die Vorstellung, diese Veranstaltung doch noch in eine echte Party zu verwandeln, versuchten die Transformation nach besten Kräften zu katalysieren. Wir tanzten, tranken und benahmen uns so, wie wir es auch die Wochenenden und Nächte zuvor getan hatten.

Ich erinnere mich noch gut, wie ich zwischenzeitlich dachte: ‚Na, der Abend ist ja doch nicht ganz schief gelaufen'. Dass ich dieses Urteil zu früh gefällt hatte, wurde mir erst deutlich später klar.

Seine schicksalhafte Wendung nahm das Ganze, nachdem mir Myriam in schon deutlich angetrunkenen Zustand erzählte, dass sie früher am Tag eine ganz frische Lieferung Kokain von ihrem Dealer bekommen hatte.

Bis zu ungefähr diesem Punkt sind bei mir Erinnerungen an die Nacht in kausalem Zusammenhang vorhanden. Alle Dinge, die danach passierten, sind in meinem Gedächtnis nur noch kleine Splitter eines in tausende Stücke zerborstenen Spiegels – und jeden einzelnen dieser Splitter musste ich mir mühsam im Nachhinein erkämpfen.

6.

Ich hatte also einen Filmriss. Um genau zu sein mein erster und hoffentlich auch letzter in diesem Leben. Ich erinnere mich selbst heute nicht mehr daran, wo ich genau wann war, mit welchen Leuten ich gesprochen hatte und wie insgesamt die Nacht nach 01:30 Uhr morgens verlaufen war. Was aber so einer Partynacht unabwendbar folgte, war der „Tag danach", das Erwachen nach dem Sturm oder auch der *„Sunday Morning After"*, wie ihn *Amanda Marshall* so passend besingt.

Ich erwachte in meinem abgedunkelten Schlafzimmer. Kenner werden jetzt schon die Beruhigung erahnen, die für mich in dem Fakt lag, dass ich es irgendwie gesund und am Leben bis zu mir nach Hause geschafft hatte – da hätten weit schlimmere Dinge passieren können.

Ich war, soweit es nicht meinen enormen Kater betraf, einigermaßen schmerzfrei und nicht schwer verletzt. Ich hatte es sogar geschafft mich vor dem zu Bett gehen gänzlich zu entkleiden. Ich kniff die Augen zusammen, als mich wieder eine Welle des höllischen Kopfschmerzes traf. Ich spürte förmlich, wie er aus den Tiefen meines Nackens entsprang, sich quer über meinem Kopf ausbreitete, meine Stirn traf, so dass ich meine Augenbrauen verzog und dann weiter in

Richtung Magen schoss, um mir ein Gefühl aufkeimender Übelkeit zu hinterlassen.

Ich atmete durch. Und blieb liegen.

Neben mir regte sich etwas. Natürlich. Das erste Bruchstück. Myriam.

Ich war nackt, ich wusste, dass sie nackt war. Ich konnte mich auf Teufel komm raus nicht daran erinnern, ob wir etwas miteinander angestellt hatten. Doch mein ganzer Körper, abgesehen von dem Folterknecht, den ich auf dem Hals trug, fühlte sich nach Sex an. Ein leichtes Ziehen in meinem Geschlechtsteil, bestimmte Muskeln, die sich anfühlten, als wären sie noch vor kurzem außergewöhnlich beansprucht worden... Das physische Gefühl der angenehmen Erschöpfung nach dem Sex.

Niemand kann mir erzählen, dass er nach einer durchsoffenen Nacht am nächsten Morgen nicht mehr wüsste, ob er Sex gehabt hatte. Vielleicht erinnert er sich nicht mehr mit wem. Vielleicht war er tatsächlich zu betrunken um irgendwas mitzukriegen. Aber der Körper verrät einem immer, wenn er gerade Sex hatte. Er prahlt geradezu damit. Und genau dieses Prahlen spürte ich bis in die Knochen.

Myriam und ich hatten also miteinander geschlafen. Die Möglichkeit, dass die ganze Geschichte wie in einer schlechten Sitcom-Episode am Ende einen Twist hat, bei dem

Myriam und ich nur zufällig in einem Bett geschlafen haben, ich aber eigentlich vorher hemmungslosen Sex mit der ultraheißen aber zuvor ignoranten Nachbarin gehabt hatte, kam nicht in Betracht.

Meine Nachbarin heisst Agnes Witterkraut und ist 69 Jahre alt – und hat nicht mal eine hübsche Enkelin.

Fuck.

7.

Nochmal: Fuck. – Fuck. Fuck. Fuck. Fuck. Fuck. – Aua. Fuck.

Das ungefähr waren meine Gedanken kurz nachdem die Erkenntnis durchgesickert war, dass ich Sex mit Bulls Bettgefährtin gehabt hatte. Sie waren zwar nicht offiziell zusammen, doch Bull würde dieses Verhalten vermutlich als sehr unangemessen und im schlimmsten Falle als Vertrauensbruch empfinden. Selbst wenn man den heutzutage so populären *Bro-Code* außer Acht lässt, der solch ein Vorgehen unter Freunden strengstens verbietet. Und alles nachdem ich ehrlich erfreut darüber gewesen war, dass unser Verhältnis langsam wieder besser wurde. Fuck!

Es war Myriam, die mich aus dem Gedankenmahlstrom meiner Schuldgefühle riss.

„Bist Du schon wach?" Ihre Stimme war kaum hörbar, sie klang heiser und verschnupft zugleich – der ganze Satz glich eher dem röchelnden Pfeifen eines Erstickenden als dem Klangbild menschlicher Sprache.

„Ja, gerade aufgewacht." Meine Stimme war auch nicht wiederzuerkennen. Ich hörte mich an, als hätte statt meiner Clint Eastwood gesprochen – Nachdem er mitten in einer brennenden Tabakfabrik stehend eine Flasche Whiskey geext hat. Zunächst musste ich herausfinden, woran sie sich noch erinnerte. Vielleicht an eine Zufallsbekanntschaft mit einer heißen Nachbarin aus dem Stock unter uns? Bitte?

„Du warst echt in Fahrt gestern Nacht. Wir haben's ganz schön krachen lassen."

„Mhmmm."

„Wie sind wir hier ins Bett gekommen?"

Aha. Sie erinnerte sich anscheinend nicht daran, dass wir Sex hatten. Das machte die Sache einfacher.

„Ich meine: haben wir's hier auch getrieben?"

Fuck.

8.

Ich muss zugeben, dass mir diese ganze Situation nicht gänzlich fremd war. Ich hatte zwar nie zuvor einem Freund sein Mädchen ausgespannt, bin aber auch tatsächlich nie ein Verfechter dieses zuvor genannten *Bro-Codes* gewesen, der ebenfalls untersagt, etwas mit der Exfreundin eines Kumpels anzufangen. Meist habe ich sogar die „angemessene Trauerzeit" deutlich unterboten – wodurch es schon ein ums andere Mal zu unangenehmen Situationen innerhalb des Freundeskreises gekommen ist.

Jeder, der schon einmal Mitglied einer Freundesclique war, weiß, dass der eigentliche Reiz der Gemeinschaft in dem mit der Zeit immer komplizierter werdenden Beziehungsgeflecht zwischen den Mitgliedern besteht. Die Entwicklung, die jede Clique von Anfang bis Ende erfährt, folgt zwei einfachen Regeln. Nummer eins: Keine Clique ist für immer – selbst die nettesten Sitcoms über einen Freundeskreis werden früher oder später abgesetzt. Und Nummer zwei: Irgendwann wird innerhalb der Clique jeder etwas mit jedem gehabt haben. Es ist ein munteres Bäumchen-Wechsel-Dich Spiel, in den Oberschuljahren angetrieben vom hormonellen Übermut, in der frühen Zwanzigern ein Kind der Neugier auf das Leben. Wenn dann irgendwann alle Konfliktpotentiale innerhalb der Clique ausgelotet sind, bricht sie schließlich auseinander. Meist gehen dabei ein, maximal zwei echte Pärchen hervor, die froh sind das Partnerschaftspoker hinter sich gelassen zu haben und es kaum eiliger haben könnten, sich ewig aneinander zu binden – oder zumindest zusammen zu ziehen.

Aktuell lag der Fall aber leider ein bisschen anders. Bull, Myriam und ich waren in keiner gemeinsamen Clique und wir waren auch keine neunzehn mehr. Das Einzige, was uns verband, war die wackelige Freundschaft zwischen Bull und mir – ein viel zu erwachsenes Verhältnis, dass nach einem Bruch zu erwachsenen Probleme führen würde. Was Myriam anging war die Sache unter Umständen einfacher: Bull und sie waren offiziell gar kein Paar. Sie feierten seit ein paar Wochen zusammen und viel länger kannten sie sich auch gar nicht. Wenn Bull so reagierte, wie ich es mir dachte, dann würde er sie einfach abschießen und vielleicht ein wenig an seiner Menschenkenntnis zweifeln.

Ich wiederum würde nicht so glimpflich davonkommen. Bull und ich kennen uns seit vielen Jahren, ich hab bei ihm schon einmal etwas verbockt und ein weiterer Grund, warum man ihn Bull nennt, ist seine Starrköpfigkeit. Er vergibt nur sehr selten, und wenn er sauer ist, lässt er das gerne alle spüren. Insbesondere natürlich den verwegenen Cowboy, der das mit dem Vertrauen schon wieder vergeigt und versucht hat, ihm sprichwörtlich die Hörner aufzusetzen.

Keine guten Aussichten also. Ich musste unbedingt Myriam auf meine Seite ziehen und davon überzeugen, dass es überhaupt keine gute Idee wäre, Bull von diesem Zwischenfall wissen zu lassen. Das würde vermutlich keine leichte Aufgabe werden. Sie machte nicht den Eindruck als würde sie sich groß den Kopf über so etwas zerbrechen. Im Gegenteil, mir kam die Angst, dass sie jetzt vielleicht die Vorstellung hatte, sie würde einfach von ihm zu mir „wechseln" und damit wäre die Sache erledigt. Ein schrecklicher Gedanke – nein, ich musste irgendeine kluge Argumentationsstrategie entwickeln, um sie restlos davon zu überzeugen, dass niemand je von der Geschichte erfahren sollte.

„Wir erzählen es ihm aber nicht, ne?" Myriam hatte sich inzwischen im Bett aufgesetzt. Aus meinen Gedanken gerissen starrte ich sie an als wäre sie der Geist der zukünftigen Weihnacht.

„Ich meine, Du bist echt süß und so... Aber ich hab Bull wirklich gern. Okay?"

„Okay."

Problem gelöst. Weiter im Text.

9.

Myriam schälte sich ächzend aus dem Bett und schlurfte ins Bad. Ich kämpfte die brodelnde Übelkeit in meinem Magen herunter und wartete auf eine Kopfschmerzpause, um mich erheben zu können.

Das Wohnzimmer sah aus wie ein Schlachtfeld. Gut, das war normal, ich bin kein ordnungsliebender Mensch. Ich lasse meine Wohnung verlottern und kriege dann alle drei Monate einen Anfall, welcher dazu führt, dass ich alles aufräume und sauber mache. Bekannte Auslöser für solche Anfälle sind der Besuch meiner Eltern oder auch ein vielversprechendes Date am Abend.

Der Couchtisch sah allerdings tatsächlich aus, als hätten hier mindestens acht Leute die Nacht zum Tage gemacht. Dabei wurde mir klar, dass ich mich gar nicht erinnern konnte, ob hier noch mehr Leute mit uns gefeiert hatten – ein beunruhigender Gedanke. Eine erste, grobe Durchsuchung nach Partyleichen blieb glücklicherweise ergebnislos. Mein Auge für die Forensik bestätigte meine Hoffnung, dass Myriam und ich hier vermutlich alleine die Korken hatten knallen lassen: zwei Weingläser, zwei Longdrink-Gläser, zwei Schnapsgläser, alle mit geringer Entfernung zueinander auf dem Couchtisch angeordnet. Keine benutzten Gläser irgendwo auf dem Schreibtisch oder im Regal. Zwei Teller, von denen einer noch Reste von Mac & Cheese aufwies. Myriam hatte nicht aufgegessen. Ein weiteres Bruchstück. Sehr gut.

Höchstwahrscheinlich war der zu erwartende Sachschaden meiner Einrichtung eher gering. Einen Zeugen gab es jedoch trotzdem.

Mitten auf der Couch saß in kerzengerader Haltung mein Kater Troy und starrte mich mit einer interessanten Mischung aus Fassungslosigkeit und Desinteresse an. Ursprünglich war Troy Sandras Kater gewesen. Da der doofe Martin aber eine Katzenhaarallergie hatte, wurde Troy mit dem Zusammenzug der Beiden kurzentschlossen hier her deportiert.

Eigentlich war ich nie ein großer Katzenfreund gewesen. Bis zu Troys Einzug hatte ich geradezu wahnhaft jeglichen „Cat Content" aus meinem Facebookprofil verbannt, und auch wenn ich bei Sandra gewesen war, waren Troy und ich uns stets mit ablehnendem Respekt begegnet. Nun jedoch bildeten wir eine Schicksalsgemeinschaft und ich müsste lügen, wenn ich sagte, dass ich mich inzwischen nicht an seine Anwesenheit gewöhnt hätte. Ihm schien es ähnlich zu gehen. An manchen Abenden, wenn er die ganze Wohnung dreimal durchstreift hat, satt ist und beim besten Willen nichts anderes zu tun findet, springt er zu mir auf die Couch und erlaubt mir ihn zu kraulen. Wenn ich das dann richtig mache, belohnt er mich immerhin mit einem leisen Schnurren. Es ist erstaunlich, wie gut die Katze den

Menschen domestiziert hat. Nicht, dass ich der Erste wäre, der sich darüber scherzhaft Gedanken macht. Jedoch beeindruckt es mich wirklich, wie dieses Pelzknäuel es durch elitäres Verhalten und einen nicht zu unterschätzenden Pathos schafft, mich dazu zu bringen, seine Zuneigung gewinnen zu wollen. Die meisten Menschen bräuchten mir nach solchen Auftritten kein zweites Mal unter die Augen zu treten.

Ich öffnete also schnaubend eine Dose Katzenfutter und Troy machte sich gelangweilt auf den Weg Richtung Fressnapf. Ein unausgesprochenes ‚na, immerhin' lag in seinen langsamen, geschmeidigen Bewegungen. Ich stellte die Kaffeemaschine an und sah auf die Uhr. 13:26 Uhr. Man könnte gleich mit dem Mittagessen beginnen. Schön, dass mit diesem Gedanken auch mein Hunger zurückkehrte.

Die Tür zum Bad öffnete sich und Myriam trat frisch geduscht und in ein Handtuch gehüllt ins Wohnzimmer. Abgesehen von einem müden Zug um die Augen waren ihr die Anstrengungen der letzten Nacht kaum mehr anzusehen. Ich fühlte mich augenblicklich schlecht – und noch schuldiger.

„Ich hab meinen BH nicht gefunden. Kann sein, dass er noch irgendwo hier rumliegt."

Ich nickte nur und genoss den Geruch des frisch gebrühten Kaffees. Myriam ging zur Couch, nahm ein paar Kissen hoch und suchte nach ihrer Unterwäsche.

„Willst Du nen Kaffee?"

„Oh ja, total gerne. Nur mit Milch, bitte."

Ich drehte mich zur Anrichte, nahm zwei Kaffeebecher aus dem Schrank und füllte sie anweisungsgemäß. Ich war gespannt, ob der nächste Teil jetzt unangenehm oder einfach werden würde. Das erste gemeinsame Kaffeetrinken nachdem man vorher zusammen einen Bock geschossen hat.

„Scheiße."

Ich drehte mich zu Myriam um, die Kaffeebecher in der Hand, und ging Richtung Couch. „Was ist denn?"

„Ich finde das Dope nicht."

Achja, die zuvor erwähnte frisch eingetroffene Drogenlieferung. Myriams Suchrhythmus wurde engagierter und gleichzeitig unbeherrschter.

„Ist es nicht mehr in deiner Handtasche?"

Ihre Antwort war nur ein vernichtender Blick. Vermutlich hatte sie dort schon nachgesehen.

„Hier ist nur noch das kleine Tütchen. Aber das Päckchen ist weg!"

Ich trank einen Schluck Kaffee.

„Vielleicht haben wir ja alles aufgebraucht?"

„Spinnst Du!? Das war Koks im Wert von 40.000 Euro!"

10.

Ich starrte sie an wie Troy zuvor mich angestarrt hatte. Kerzengerade, regungslos, fassungslos. Das Desinteresse wich der Erkenntnis, dass ich vermutlich unmittelbar in diesen Schlamassel verwickelt war.

„Okay. Ähm. Woran erinnerst du dich noch?" fragte ich in dem verzweifelten Versuch, meine Fassung wieder zu gewinnen.

„Keine Ahnung." Myriam nahm ihre Kaffeetasse und sah für einen Moment erstaunlich verletzlich aus. „Nachdem die Party bei dieser Sandra dann irgendwann in Gang gekommen ist, haben wir später die ein oder andere Nase genommen. Ich glaub, wir haben auch was ausgegeben, keine Ahnung. Nach dem Knutschen im Bad sind wir dann mit ein paar von den Anzugträgern Richtung *Berghain* gezogen. Aber mehr weiß ich nicht mehr."

„Wir waren noch im *Berghain*?"

„Keine Ahnung. Ich weiß es echt nicht mehr. Ich weiß nur, dass die dahin wollten und wir beschlossen haben mitzugehen. Und ich erinnere mich daran, wie wir gegangen sind."

Es muss schon ganz schön was schieflaufen, dass man mich zu einem Besuch im *Berghain* überreden kann. Oder besser ausgesagt: Es muss zuvor ganz schön was in mich hinein gelaufen sein.

Das *Berghain* ist ein Berliner Technoclub, der durch seine Wahl zum besten Club der Welt durch das DJ Mag 2009 eine gewisse Bekanntheit erreicht hatte. Hervorgegangen aus der ersten festen Location für schwule Fetischparties in Berlin und untergebracht in einem ehemaligen Heizkraftwerk der DDR bietet er über 1.500 Partygängern von Samstagnacht bis Montagmorgen einen lauten, verschwitzten Tempel der Feierlust. Obwohl ich grundsätzlich ein Freund des exzessiven Hedonismus bin, ist mir das *Berghain* ein bisschen Zuviel des Guten: Zu groß, zu unpersönlich, nicht ganz billig und Techno ist auch nicht gerade mein Fall. Meine beiden einzigen Besuche endeten im nervenaufreibenden Kampf zwischen meiner inneren Versuchung und meinem eisernen Prinzip, keine synthetischen Drogen zu nehmen. Mein Prinzip gewann, allerdings auf Kosten einer andernorts bestimmt interessanten Partynacht. Nun, anscheinend sind tatsächlich aller guten Dinge drei.

„Wieso hattest du so viel Kokain in der Tasche?"

Diese Frage hätte ich vermutlich schon am Vorabend stellen sollen.

„Es war nicht alles mein Koks, okay?" gab Myriam genervt zurück.

„Okay..? Wessen Zeug war es dann und wie viel davon war deins?"

„Das kleine Tütchen hier." Myriam hielt ein kleines durchsichtiges Tütchen mit einem weißen Pulver in die Luft. „Habe ich gerade in meiner Handtasche gefunden. Der Rest gehörte meinem Dealer. Ich sollte es heute an einen Kunden weitergeben."

Ich lies mich neben sie auf die Couch fallen. Eine Weile saßen wir schweigend nebeneinander.

„Wann solltest du dich mit ihm treffen?"

„Um drei. Sone Scheiße, echt!"

Wir hatten es also geschafft, innerhalb einer Nacht Kokain im Wert von 40.000 Euro zu vernichten. Ob wir alles selbst konsumiert, verschenkt, vom Funkturm gepustet oder einfach verloren hatten, war unerheblich. Das Einzige, was uns geblieben war, war ein Tütchen mit ein paar Gramm – Myriams Lohn für den geplatzten Kurierdienst und somit die eigentliche Ration, mit der wir gestern hätten Party machen dürfen.

Die gute Nachricht war: Meine Kopfschmerzen waren auf einmal wie weggeblasen.

11.

Mein Handy klingelte. Ich brauchte eine Weile, um es in dem Chaos zu finden, und als ich es dann hatte, war der Anruf bereits an meine Mailbox weitergeleitet worden. 13 Anrufe in Abwesenheit, 9 von Victor, 4 von Adam. 4 ungelesene SMS, drei von Victor, eine von meiner Mailbox, die mir neue Nachrichten ankündigte. Sie hatten sogar versucht mich anzutwittern. Darum würde ich mich später kümmern. Hier musste erst mal ein grausames, 40.000 Euro schweres Problem gelöst werden.

„Hab ihn verpasst", kam ich mit der Erklärung für das nicht erfolgte Telefonat ins Wohnzimmer zurück. „Also, was machen wir jetzt?"

Myriams Antwort war nur ein finsteres Schnauben. Also gut, ich war gefragt.

„Weißt du, wenn ich eines aus Gangsterfilmen gelernt habe, dann ist es, dass wir einfach ehrlich sein sollten. Wir haben keine Chance innerhalb einer Stunde Kokain im Wert von 40.000 Euro aufzutreiben. Keiner von uns beiden hat die Kohle, das bezahlen zu können. Von daher sollten wir einfach offen sagen: ‚Wir haben's verkackt.' Und dann irgendwie ne Lösung finden. Die werden uns schon nicht umbringen, oder?"

‚Zumindest nicht, bevor sie nicht ihre Kohle hatten‘, fügte ich im Geiste noch hinzu.

„Und was sollen wir bitte sagen?! ‚Sorry, wir haben's gesnievt? Kommt nicht wieder vor?"

„Nein, wir sagen einfach, es wurde uns geklaut. Oder wir haben's verloren. Ist doch eigentlich egal, warum es weg ist, das interessiert die doch gar nicht. Hauptsache wir biegen das irgendwie wieder hin."

„Und wie sollen wir das anstellen?"

Plötzlich war Myriam der Exzess der letzten Nacht doch anzusehen. Sie senkte ihr Gesicht in ihre Hände und ich spürte, dass sie der Verzweiflung nahe war.

„Keine Ahnung. Aber irgendwie wird's schon klappen. Hat immer irgendwie geklappt."

Meine Zuversicht war zu diesem Zeitpunkt ehrlich empfunden. Ich hatte schon des Öfteren bis zum Hals in Schwierigkeiten gesteckt und am Ende war ich immer irgendwie davongekommen. Allerdings hatte ich mich gerade vor kurzem erst darüber gefreut, dass dieses börsengleiche Auf- und Ab meines Kontostandes beziehungsweise Dispokredites endlich ein Ende hatte. Durch den Erfolg meines Buches hatte ich keine schlechten Einkünfte gehabt. Leider war ich dann aber genötigt gewesen, einen Großteil meines Ersparten in die Produktion unseres

Kinofilmes zu investieren – eine Entscheidung, die mir schon bei Unterschrift des Vertrages Bauchschmerzen bereitet hatte.

Natürlich wollte ich, dass der Film gedreht wird. Schon meine eigene Eitelkeit trieb mich dazu an. Ich wollte miterleben, wie ein großes, spürbares Publikum meine Geschichte und auch mein daraus entstandenes Drehbuch empfindet und aufnimmt. Auch die Chancen auf ein gutes Einspielergebnis und eventuell saftige Tantiemen hatten mich Feuer und Flamme für das Filmprojekt werden lassen. Als ich aber dann zusah, wie mein hart ertipptes Geld in den schwarzen Schlund der Filmfinanzierung geworfen wurde, kamen mir erste Zweifel. Deutsche Filme sind selten eine gute Investition. Vermutlich hätte ich mit der Finanzierung eines amerikanischen Films, der in Deutschland gedreht wird, ein besseres Geschäft gemacht.

Andrerseits: Wer seine eigene Vision eines Kinofilmes hat, muss den Film auch drehen. Wer einen Film drehen will, braucht Geld. Und wer ständig meckert, sollte zumindest versuchen zu beweisen, dass er es besser kann!

Mein Geld steckte also in der Produktion meines eigenen Films fest. Damit war ich zwar nicht pleite, aber einen Kreditrahmen von 40.000 Euro würde ich wohl vergeblich suchen. Aber wer weiß, vielleicht ließ sich ja eine andere Lösung finden.

„Okay, pass auf. Du gehst jetzt zu dem Treffen mit dem Käufer. Du sagst ihm, dass es dir Leid tut und dass es Lieferschwierigkeiten oder so was gäbe. Sag ihm, dass du ihn noch heute Abend kontaktierst und hoffst, dann ein neues Angebot zu haben. Klar?"

„Okay, und dann?"

„Dann rufst du deinen Dealer an und machst ein Treffen aus, so schnell wie möglich. Sag ihm nicht genau worum es geht. Ist besser, wenn er das persönlich erfährt, okay?"

Myriam nickte. In Gedanken schien sie schon die kommenden Stunden zu durchleben.

„Ich gehe in der Zeit los und versuche das Zeug wiederzufinden. Ich werde mal bei Sandra suchen. Mit ein bisschen Glück haben wir's da gelassen oder es ist dir aus der Tasche gefallen. Vielleicht kriege ich auch raus, wo ich noch suchen könnte." Ich war in Hochform. Ein paar Worte mehr und das ganze wäre zu der Motivationsrede eines Football-Coaches geworden.

„Sobald du mit deinem Ticker ein Treffen ausgemacht hast, sagst du mir Bescheid. Da gehen wir dann gemeinsam hin und erklären ihm was Sache ist. Vielleicht hab ich das Päckchen sogar wieder. Ansonsten finden wir schon ne Lösung, okay? Wir kriegen das hin!"

Coach Marius hatte gesprochen.

In der Ferne meines Kopfes ertönte ein lautes „Hoo-ah!" Ab aufs Spielfeld, Leute!

12.

Als ich frisch geduscht und halbwegs hergerichtet aus dem Bad kam, war Myriam bereits fertig zum Abmarsch. Entweder hatte sie ihren BH inzwischen gefunden oder die Suche aufgegeben. Sie saß auf der Couch, Mantel und Handtasche neben sich, und kraulte Troy, der es sich auf ihrem Schoß bequem gemacht hatte. Ich grämte mich kurz wegen der Undurchschaubarkeit meines opportunistischen Mitbewohners, begann dann aber schnell mit dem Packen meiner Sachen. Endlich verspürte ich auch wieder Lust, mir eine Zigarette zu drehen.

Ich war noch gar nicht allzu lange ein echter Raucher. Früher hatte ich zwar gekifft und auch mal in passender Gesellschaft eine Zigarette geraucht, aber die echte Lust daran kam bei mir erst in den späten Zwanzigern auf. Unglücklicherweise entwickelte ich mich damit konträr zu gesellschaftlichen Verdammung des Rauchens, was vielleicht auch eine gewisse Trotzreaktion ausgelöst hatte.

Ich war durchaus dafür, das Rauchen in öffentlichen Gebäuden, Büros und Restaurants einzuschränken oder ganz zu verbieten. Selbst in meinen eigenen vier Wänden hatte ich das Rauchen auf mein Arbeitszimmer und den Balkon beschränkt. Aber die Verhältnismäßigkeit der EU-Gesetzgebung zum Thema Rauchen stelle ich nach wie vor schwer in Frage – gerade in Bezug auf Alkohol, Zucker und andere, ebenso schädliche aber deutlich weniger beschränkte Genussmittel. Wie jeder halbwegs reflektierte Raucher habe ich festgestellt, dass Rauchen tatsächlich gesundheitsschädlich ist. Dennoch genieße ich es, eine entspannte Zigarette zu rauchen und das kleine Ritual des selber Drehens gehört für mich unabdingbar mit dazu. Eine fertig gedrehte Zigarette aus der Packung lehne ich ab, selbst wenn sie mir angeboten wird – die sind mir einfach zu stark parfümiert.

Ich beeilte mich also, den Katzennapf mit einer Tagesration Trockenfutter zu füllen, die der Kater wenn überhaupt dann nur äußerst gelangweilt zur Kenntnis nahm, säuberte schnell noch das Katzenklo, räumte die benutzten Gläser in die Spülmaschine und drehte mir eine Zigarette. Währenddessen überzeugte Myriam den widerwilligen Troy, sie von der Couch aufstehen zu lassen. Als ich jedoch meine Jacke anzog und die Hände in die Taschen gleiten ließ, stutzte ich kurz. Ich fühlte, dass ich einen Schlüssel in der Tasche hatte der da nicht hingehörte. Einen Autoschlüssel.

Ich besaß damals kein Auto und sah auch gar nicht ein, wofür ich in Berlin eines hätte brauchen können. Wenn ich tatsächlich mal einen Transport organisieren musste, mietete ich mir für diese Gelegenheit ein Auto oder suchte mir mit Hilfe von *Car Sharing* ein passendes Gefährt. Für den Alltag war das öffentliche Verkehrsnetz gut genug, um problemlos von A nach B zu kommen – es sei denn die S-Bahn hatte mal wieder nicht damit gerechnet, dass es auch dieses Jahr einen Winter geben würde. Aber selbst dann war ein Taxi immer noch günstiger als das ganze Jahr lang für ein Auto zu bezahlen, das dann doch nur auf dem schwer erkämpften Parkplatz drei Straßen weiter vor sich hin rostet. Auch heute sehe ich das noch genauso – obwohl sich die Radikalität meiner Einstellung inzwischen ob der Umstände ein wenig entschärft hat.

Den Autoschlüssel, den ich nun hervorzog, kannte ich nicht. Es war eindeutig der Schlüssel zu einem älteren Modell: Kein „Klicker", mit dem das Auto aus der Ferne auf- und zuzuschließen war, kein eingeprägtes Markenzeichen – einfach nur ein Autoschlüssel mit einem schwarzen Griffring. An dem Ring hing jedoch ein schmaler Zettel, auf dem mit Handschrift ein Nummernschild geschrieben war. Eindeutig eine Männerhandschrift, aber nicht meine. Ich hatte also irgendjemandes Autoschlüssel. Warum wusste ich nicht mehr. Ich drehte mich zu Myriam um.

„Ist das deiner?" fragte ich und hielt ihr den Schlüssel entgegen. Sie schaute kurz auf und zuckte dann die Schultern.

„Nee. Meiner liegt bei mir zu Hause, ich war gestern ohne Auto unterwegs. Wieso, wo kommt denn der her?"

„Aus meiner Jacke. Aber ich hab keine Ahnung wie er da rein gekommen ist und wem er gehört."

„Hm."

Myriam stellte sich neben mich und betrachtete den Schlüssel eingehender. „Nee, keine Ahnung" sagte sie schließlich.

Sie wusste also auch nicht mehr wie ich zu dem Schlüssel gekommen war.

„Aber lass uns doch mal gucken. Vielleicht steht er unten" fügte sie noch an, während sie die Wohnungstür öffnete.

Gute Idee. Aber ein gruseliger Gedanke.

13.

Wir traten aus dem Wohnhaus, mein Zippo klickte und ich zündete mir meine Zigarette an. Ich spürte, wie sich der schwere Rauch in meiner Lunge ausbreitete und pustete ihn anschließend zufrieden in die kalte Berliner Luft. Mein Kopf wurde angenehm leicht, als sich das erste Nikotin des neuen Tages in meinem Körper ausbreitete.

„Ich glaub, das ist er", hörte ich es im Hintergrund sagen und schon zerfiel mein kurzes Gefühl des Wohlbefindens in tausend Einzelteile. Myriam hatte den Wagen gefunden. Dass er direkt vor meiner Haustür stand und ich den Schlüssel in der Jackentasche hatte lies nur den Schluss zu, dass ich – und vermutlich Myriam – mit dem Auto nach Hause gefahren waren. Da ich mich jedoch nicht daran erinnerte, dies getan zu haben, konnte es nur bedeuten, dass ich furchtbar betrunken oder sonstwie high gefahren sein musste. Die Möglichkeit, dass noch irgendjemand mit uns hier gewesen war, dem ich dann aus Verantwortungsbewusstsein den Autoschlüssel abgenommen und ihn zu Fuß nach Hause geschickt hatte, war zwar vorhanden, aber für mich leider nicht wirklich plausibel.

Ich drehte mich also zur Seite und sah, neben welchem Auto Myriam stand – und war ehrlich erstaunt.

Mehr oder weniger direkt vor meinem Hauseingang stand ein rotes 1965er Ford Mustang Cabriolet. Der Wagen war nicht besonders gepflegt und hätte mal eine Wäsche gebraucht, machte aber insgesamt einen fahrtüchtigen Eindruck. Zumindest konnte ich keinen Unfallschaden oder auch nur schwere Kratzer feststellen. Ich muss gestehen, für einen Moment vergaß ich den unheimlichen Gedanken, dass ich vermutlich stockbesoffen durch die Stadt gekurvt war. Ich mochte alte Mustangs schon immer. Sie waren weder praktisch noch benzinsparend und die Modelle seit den 80er Jahren lösen bei mir eher Kopfschütteln aus – aber die Mustangs aus den 60ern sind einfach Schmuckstücke.

„Cooles Auto." Myriam gefiel er anscheinend auch. „Fährt irgendeiner deiner Bekannten so einen?"

„Nee" gab ich wahrheitsgemäß zurück, „ich kenne den Wagen nicht. Du?"

Myriams Antwort war nur ein Kopfschütteln, während sie kurz einen Blick in den Innenraum warf aber nichts Ungewöhnliches zu finden schien. Ich probierte den Schlüssel, er passte und wir sahen uns das Auto genauer an. Wenn wir tatsächlich in dem Wagen gefahren waren, war das Päckchen ja vielleicht darin zu finden. Wir durchsuchten Fahrer- und Beifahrersitz und sahen im Kofferraum nach, fanden das Kokain aber nicht. Was wir jedoch entdeckten, war meine kleine Umhängetasche, die ich gern immer mit mir rumtrage. Darin befanden sich eine frische Packung Drehtabak, eine Packung Blättchen und Kaugummis. Mein Portemonnaie hatte ich glücklicherweise schon zuvor in meiner Jacke gefunden – vollständig und mit etwa zwölf Euro darin.

Nachdem wir unsere Suche beendet hatten, hängte ich mir die Tasche um und schloss den Wagen ab. Ich würde mit den Öffentlichen zu Sandra fahren, und bevor ich nicht wusste, wessen Auto das war, würde ich es auch nicht weiter anrühren. Ich begleitete Myriam zur U-Bahn, wir verabschiedeten uns mit einer kurzen Umarmung und sie versicherte nochmals, dass sie mir sofort Bescheid geben würde, wenn sie ein Treffen mit ihrem Dealer vereinbart hatte. Ich ging ein paar Meter weiter zur nächsten Tram-Station.

In der Tram sitzend, kam ich auf die Idee, dass ich vielleicht in der gestrigen Nacht noch irgendwelche Nachrichten versendet haben könnte, an die ich mich jetzt nicht mehr erinnerte. Ich sah also meinen Facebook Messenger, WhatsApp und die SMS-Liste durch, fand aber keine verräterischen

Messages oder irgendwelche sonstigen Hinweise. Erst, als ich meinen Twitteraccount öffnete, um zu sehen wer genau mich zuvor angetwittert hatte, stockte mir der Atem. Anscheinend hatte ich selbst gestern etwas getwittert – und darauf eine Menge Reaktionen bekommen.

Auf meinem Handybildschirm war ein Foto von dem Mustang zu sehen, anscheinend bei Nacht und mit Blitzlicht aufgenommen. Von links kam unscharf meine Hand ins Bild, die vom Blitz völlig überstrahlt meinen linken Daumen in die Höhe streckte. Unter dem Bild stand, von mir verfasst: „Jetzt gehört er mir!" Ich schluckte. Man muss dazu sagen, dass ich eigentlich nicht besonders aktiv bei Twitter bin. Seit meinem Bucherfolg gehörte es für mich zum Alltag, meinen Twitteraccount zu pflegen und manchmal finde ich es tatsächlich ganz lustig, einmal spontane Gedanken der Weltöffentlichkeit zu präsentieren. Ein Foto hatte ich aber noch nie hochgeladen. Einige Leute hatten meinen Tweet schon mit Fragen oder Glückwünschen kommentiert, was die Nachrichten auf meinem Handy erklärte.

Doch was meinte ich mit: „Jetzt gehört er mir!"? Hatte ich den Wagen tatsächlich gestern gekauft? Oder ihn gar irgendwo geklaut?!

Ich spürte, wie mein Blutdruck nach oben Schoss. Von null auf hundert in zwei Sekunden glich mein Stresslevel plötzlich dem eines Kampfpiloten unter Beschuss. Während die verschiedenen Schreckensszenarien in meinem Kopf um einander tanzten, wechselte der Bildschirm meines Smartphones und kündigte einen eingehenden Anruf an. Es war Victor. Ich drückte den „Annehmen"-Kopf meiner Kopfhörer und machte mich schon mal auf einen tüchtigen Einlauf gefasst.

„Hey", gab ich unschuldig ins Mikrofon.

„Mann, endlich gehst du ran! Ich hab ungefähr fünfhundert Mal versucht dich zu erreichen!"

„Nun übertreib mal nicht. Inklusive dieses Anrufs sind es jetzt zehn Versuche gewesen. Aber es fühlt sich gut an, gefragt zu sein." Ich grinste. Für einen kurzen Moment hatte mich mein Spaß an Victors Patzigkeit von der Auto-Misere abgelenkt. Victor fand das nicht so lustig wie ich.

„Ja, aber Adam hat gesagt, er hat's auch schon versucht. Ich nehme an du bist wiedermal gerade erst aufgestanden?" Victors Tonfall klang wie der eines preußischen Rittmeisters, der kurz davor war seine Ehre zu verlieren, weil er den neuen Kadetten einfach nicht in Form zu bringen vermochte.

„So quasi", gab ich amüsiert zurück. „Aber es ist ja nun mal Sonntag, ne?"

„Alter, bis zum Drehbeginn sind es nur noch fünf Tage! Da ist es total egal welchen Wochentag wir haben. Und wenn heute Heilig Abend wär, das macht überhaupt keinen Unterschied!", wetterte mich die Stimme durch die Kopfhörer an.

„Ja, ja. Was gibt es denn so dringendes?"

„Hast du noch nicht mal deine Mailbox abgehört?!"

„Nö. Was ist denn?"

Victor seufzte hörbar am anderen Ende. „Ich hatte gehofft", setzte er nach einer kleinen Pause an, „dass du zumindest schon Bescheid weist. Aber jetzt bin ich wohl zum Überbringer der frohen Kunde geworden."

Ich erwartete aufmerksam auf die Pointe des Gesprächs.

„Heute früh ist unser Münchner Koproduzent abgesprungen."

Das war eindeutig keine Pointe. Diese Information kam eher der Meldung gleich, dass Preußen jetzt effektiv in die Schlacht von Waterloo eingriffen hatte und Napoleons Armee kurz vor ihrer blutigsten Niederlage stand – um in der Bildhaftigkeit konstant zu bleiben.

„Was?! Wie kann das denn sein? Ich dachte das wär alles unter Dach und Fach?!" Meine Stimme hatte kurzzeitig die schrille

Hysterie des Gedankenkarussells übernommen, dass sich gerade in meinem Kopf zu drehen begonnen hatte.

„Ja, das dachten wir alle. Aber die Verträge sollten heute unterschrieben werden und der Produzent hat plötzlich einen Rückzieher gemacht. Warum genau weiß ich nicht, das müssen wir Adam fragen."

„Aber das kann doch nicht sein! Fünf Tage vor Drehbeginn?!"

„Frag mich was Leichteres. Auf jeden Fall fehlen uns damit rund 50.000 Euro für die Drehfinanzierung. Das betrifft insbesondere das Catering und einen Teil des Fuhrparks."

Oh Mann, was war das nur für ein beschissener Sonntag. Es schien fast so, als hätte Gott sich tatsächlich einen Tag frei genommen und interessierte sich jetzt einen Dreck dafür, was währenddessen auf seiner Welt alles vor die Hunde ging. „Okay. Und jetzt?", gab ich kleinlaut zurück.

„Wie gesagt: Frag mich was Leichteres. Wir haben uns heute Abend für eine Skype-Krisensitzung verabredet, inklusive Kamera, Aufnahmeleitung und Regieassistenz. Heute Nachmittag versucht Adam, den Kerl doch noch ins Boot zu holen. Vielleicht hat er ja Glück."

Adam war ein guter, solider Produzent, auf den man sich verlassen konnte. Aber wenn es darum ging, Leute mit geschwungenen Reden von seinem Anliegen zu überzeugen, war er nicht gerade ein *Alan Shore* aus *Boston Legal*.

„Mhmm, okay. Wann soll ich online sein?"

„Um acht. Und mach dir schon mal `n Kopf. Wenn wir das nicht hinkriegen, geht der ganze Dreh den Bach runter."

Und mit ihm das ganze Geld, das ich bereits in den Film reingesteckt hatte, fügte ich in Gedanken finster hinzu. „Alles klar, okay. Dann sprechen wir uns nachher. Ich muss das erst mal verdauen."

„Okay, bis später." Victor legte auf.
Und ich hatte meine Haltestelle verpasst.

Völlig in Gedanken versunken lief ich die zwei Tram-Stationen zurück, die ich im Schock zu weit gefahren war.

Wie konnte denn so etwas möglich sein? Ich bin weiß Gott kein Fachmann in Sachen Filmproduktion. Aber mir ist völlig unerklärlich, wieso ein Geschäft, bei dem es um eine Menge Geld geht, so auf die letzte Minute geplant werden muss. Hätte man diese Verträge nicht schon vor Monaten schließen können? Konnte man diesen Drecksack von Produzenten nicht dafür belangen, dass er mit seiner Absage den ganzen Filmdreh gefährdet?

Andererseits war das Drogengeschäft, wie ich heute früher am Tag gelernt hatte, auch kein Selbstläufer, obwohl es um ähnlich hohe Summen ging.

Innerlich fluchend drückte ich den Klingelknopf zu Sandras Wohnung und wurde kurz darauf eingelassen. Die Tür zu der Altbauwohnung stand offen, als ich im dritten Stock ankam.

„Mann, du siehst ja aus wie gegessen und ausgekotzt", begrüßte mich Sandra, die gerade mit einer ganzen Palette von Putzmitteln versuchte, einen hartnäckigen Fleck von dem neuen Teppich zu entfernen.

„Danke. Das kommt ungefähr hin", gab ich lakonisch zurück.

„Wo hast du denn deine neue beste Freundin gelassen? Hätte nicht gedacht, dich so schnell nochmal alleine anzutreffen."

Die Feindseligkeit in ihrer Stimme hatte die Schärfe eines 15-Mal gefalteten Samuraischwerts. Wie üblich ignorierte ich ihre Spitze und begann, mir eine neue Zigarette zu drehen. Ich freute mich sogar ein wenig über ihre Übellaunigkeit. Endlich war die alte Sandra zurück, die wutschnaubend den Dreck anderer wegmacht und dabei auch in einem einfachen grauen Top und einer dunkelblauen Jogginghose noch sexy ist. Ich genoss diese Situation einen Augenblick.

„Wo steckt denn Martin, der alte Partylöwe?"

„Joggen", zischte Sandra zurück. Ich nickte grinsend. „Ist aber gut, dass du da bist", setzte sie erneut an, während ein weiteres Putzmittel auf den Fleck einzuwirken begann. „Dann kannst du mir wenigstens helfen, die Couch reinzutragen, die ihr gestern hirnrissigerweise auf den Balkon gestellt habt."

Ah, ich erinnerte mich. Ein weiteres Bruchstück. Lustige Aktion. Ich hätte am Anfang des Abends nie gedacht, dass ich diese augenscheinlichen Spießer je dazu kriegen würde.

„Glaub mir, ich schmeiße nie wieder ne Party." Sandra stand auf und ging in die Küche. Ich genoss die energische Art, mit der sie sich eine widerspenstige Korkenzieherlocke aus dem Gesicht strich.

„Willst du ne Aspirin?"

„Nein, danke," rief ich ihr hinterher, während ich meine Zigarette anzündete. „Ich hab schon zwei intus."

„Dachte ich mir. Du hast gestern auch echt nichts anbrennen lassen." Während wir gemeinsam versuchten, das störrische Möbelstück wieder an seinen angestammten Platz im Wohnzimmer zu bewegen, erzählte mir Sandra ein paar Anekdoten der gestrigen Feierlichkeit. Im Grunde war nichts Weltbewegendes passiert: Kurz nach

Mitternacht hatte sich eine Unbekannte nach einem Streit mit ihrem Begleiter in der Toilette eingeschlossen, was dazu führte, dass einer der Gäste den Buchsbaum vollgekotzt hatte. Mir waren bei der Demonstration eines richtig zubereiteten Absinths zwei Gläser zerplatzt und Martins aufwändig angelegte Sammlung bedeutender Weine war auf die Menge und Auswahl eines Studentenvorrats geschrumpft. Von dem vermeintlich verlorenen Kokain war jedoch keine Spur zu finden.

„Also war's eigentlich ne geile Party", fasste ich schelmisch Sandras Kurzbericht zusammen, während wir die Couch gerade durch die Balkontür winkelten. Und entgegen meiner Erwartung musste Sandra daraufhin grinsen. Schön, sie mal wieder unbefangen lächeln zu sehen.

„Ja, im Grunde schon. Ich hatte nur überhaupt nicht damit gerechnet, dass sie so aus dem Ruder läuft. Insbesondere nachdem Martin ausfiel, weil er so besoffen war und du mit dieser Myriam abgezogen bist, hatte ich auch irgendwie keinen Bock mehr. Ich wusste, dass jetzt wieder alles an mir hängenbleibt."

„Warum hilft denn Martin nicht?", fragte ich unschuldig.

„Ach, keine Ahnung. Der geht irgendwie davon aus dass ich das mache. Ist son Teil seiner Macho-Attitüde und kotzt mich gerade auch echt an!"

Nach dem anstrengenden Möbelrücken setzten Sandra und ich uns in die Küche, tranken Kaffee und ich berichtete ihr ausführlich von meiner misslichen Lage.

„Und was willst du jetzt machen?", fragte Sandra, nachdem mein kleiner Monolog geendet und sie einige Momente darüber nachgedacht hatte.

„Tja, keine Ahnung. Das, was ich immer mache: Mich irgendwie aus dem Schlamassel freikämpfen und dann schauen, wo die Reise hingeht."

Sandra lächelte sanft. Mein Handy piepte und kündigte eine Nachricht an. „Von Myriam," erklärte ich. „Sie hat ein Treffen mit dem Ticker organisiert. Heute 18 Uhr."

„Und was willst du dem erzählen? Ich meine, der wird nicht gerade begeistert sein."

„Da hast du wohl Recht. Ehrlich gesagt, ich weiß es nicht. Ich höre mir an, was er zu der Sache sagt, und dann mach ich das Beste draus. In diesen Momenten bin ich sehr froh über unser striktes deutsches Waffenrecht." Ich grinste schief und Sandras Lächeln wurde etwas breiter.

„Mann, Marius", sprach sie mit deutlicher Anerkennung in der Stimme, „manchmal bewundere ich dich wirklich für deine Coolness. Du bist ein bisschen wie *James Bond*.

Der hat auch nie einen Plan sondern bricht einfach in die Höhle des Löwen ein und überlegt sich dann, wie er die Welt rettet. Ich könnte das nicht, aber du fällst dabei immer wieder auf die Füße."

Ein schmeichelhafter Vergleich.

„Andererseits...", begann sie erneut, und ich ahnte, dass der zweite Absatz dieser Ansprache weit weniger positiv ausfallen würde, „ist das natürlich alles mal wieder total typisch für dich. Klar, du findest immer irgendwie einen Ausweg. Aber den Stress davor bürdest du dir immer auch ganz alleine auf. Weißt du, du hast jedes Mal die Eier irgendeine bescheuerte Lösung zu finden, aber wenn's mal darum geht, ‚nein' zu sagen und für dich selbst Verantwortung zu übernehmen bist du nicht stark genug." Wie immer hatte sie Recht, was mich betraf. Wobei ich mich nach dieser Ansage fragte, ob der letzte Teil ihrer Anklage noch explizit auf die Partynacht gemünzt war oder sie damit vielleicht auf etwas Anderes, Vergangenes anspielte. Vielleicht war das aber auch nur mit Paranoia vermischtes Wunschdenken.

„Aber egal", endete sie ihr Leviten lesen, „jetzt musst du erst mal wieder einen Weg da raus finden. Und ich bin gespannt, wie du das wieder anstellen willst." Sie stellte ihre Kaffeetasse ab und schüttelte den Kopf.

„Aber die Sache mit Myriam fand ich echt billig, Marius. Das ist doch Bulls Freundin, oder nicht?"

„Naja, nee, die beiden sind kein offizielles Paar", verteidigte ich mich.

„Trotzdem. Ich glaub nicht das Bull das gefallen würde, wenn er davon wüsste." Sie machte eine kurze Pause und sprach dann leiser weiter. „Hätte dir echt mehr zugetraut als dieses aufgetakelte Weib."

Ich musste unvermittelt Grinsen und tat mich schwer, meine Mundwinkel im Zaum zu halten. Ich wollte zuerst etwas erwidern, ließ dann aber diese kleine Spitze unkommentiert.

„Also", begann sie mit einem neuen Thema, um das entstandene Schweigen zu entspannen, „wann trefft ihr euch mit dem Typen?"

„Heute um 18h, irgendwo Friedrichstraße."

„Okay, dann musst du langsam los. Bau nicht noch mehr Mist. Und passen sie auf sich auf, *Mr. Bond*."

Da war er wieder, der schmeichelhafte Vergleich. Ich als *James Bond* und Sandra als mein *Bond-Girl*, warum nicht? In diesem Moment wäre ich tatsächlich lieber mit einem Space Shuttle zu *Mr. Drax* Raumstation aufgebrochen als mich hier auf der Erde einem Berliner Drogendealer zu stellen, dem Myriam und ich 40.000 Euro schuldeten.

14.

Es war etwa kurz nach fünf, als ich Sandra verließ. Ich hatte also noch genügend Zeit, kurz einen Happen zu essen. Ich weiß, es klingt ziemlich fatalistisch, aber zu diesem Zeitpunkt wollte ich wenigsten etwas im Magen haben, bevor mir ein Drogendealer in selbigen schlägt. Also ging ich kurz bei der nächsten Dönerbude vorbei, bewunderte wie jedes Mal den gigantischen Dönerspieß, der dort jeden Tag Schicht für Schicht abgetragen wird, bestellte mir ein Bier und einen Döner mit Halloumi und fand die Zeit, meine verkorkste Situation mal zusammenzufassen. Ich hatte mit der Liebschaft meines äußerst nachtragenden Freundes Bull im Drogenrausch einen One-Night-Stand gehabt. Das war vielleicht noch kein Todesurteil, aber die moralische Seite der Crash-Bilanz war damit perfekt ausgefüllt. Nun zur weltlichen Seite: Der Drogenrausch wiederum rührte daher, dass ich zusammen mit jener Freundin das Kurierpaket ihres Dealers im Wert von rund 40.000 Euro versnieft, verschenkt und verloren hatte. Es war gut möglich, auch wenn dieser Gedanke so gruselig war, dass ich ihn kaum zu Ende zu denken vermochte, dass ich einen Teil oder das ganze Paket Kokain verkauft beziehungsweise gegen ein Auto getauscht hatte. Irgendwie musste ich ja an diesen Mustang gekommen sein. Und mein eigener Tweet war recht eindeutig. Da ich keine Ahnung hatte, wie man ein Auto klaut und sich noch dazu der Schlüssel in meiner Tasche befand, war die plausibelste Erklärung, dass ich den Wagen spontan – und vermutlich völlig high – gekauft hatte. Auch wenn der Mustang nicht sonderlich gepflegt aussah – solch ein Auto kann durchaus seinen Preis haben. Und auf meinem Konto hatte ich diese Menge Geld ganz sicher nicht verfügbar. Daher befürchtete ich, dass der Verlust des Koks und der Autokauf in einer direkten Beziehung miteinander standen. Und dann würde mich in der Angelegenheit eine bedeutende Mitschuld treffen. Ich musste also die Herkunft des Autos klären. Vielleicht konnte ich so herausfinden, wie ich den Verkäufer bezahlt habe. Cash oder Drogen.

Aber selbst wenn sich der Erwerb des Mustangs als unabhängige Dummheit herausstellte, die mit dem Verbleib des Koks nichts zu tun gehabt hatte: Ich würde jetzt Myriam auch nicht einfach so im Regen stehen lassen. Wir haben zusammen gefeiert, die Nacht zusammen verbracht, wissen beide nicht mehr was passiert ist und müssen die Suppe gemeinsam auslöffeln. Ich bin vielleicht schamlos, moralisch fragwürdig und manchmal rücksichtslos – aber ganz sicher lasse ich niemanden im Stich.

Hinzu kam, dass der Drehbeginn für den von mir mitfinanzierten Film auf Messers Schneide stand, da ein sicher geglaubter Koproduzent seine Zusage über etwa 50.000 Euro Drehfinanzierung im letzten Moment zurückgezogen hatte. Sollte der Dreh deswegen wirklich nicht stattfinden, hatte ich nicht nur den Großteil meiner Ersparnisse verloren – es würde in der Presse nicht unbedingt ein gutes Licht auf das Projekt werfen. Auch wenn der große Medienaufstand vermutlich ausbleiben würde – einen neuen Koproduzenten zu finden, wäre sicher nicht unbedingt einfach. Alles in Allem: Nicht schlecht für einen Tag, an dem ich bisher nur etwa 4,5 Stunden wach war.

Inzwischen hatte ich meinen Döner aufgegessen und war schon halb am Ziel angekommen. Erst, als ich Myriams SMS das zweite Mal gelesen hatte, war mir die prominente Adresse aufgefallen: Rudi-Dutschke-Straße 16, direkt am Checkpoint Charlie. Ich hatte erwartet, dass wir uns in irgendeinem dunklen Lagerhaus oder einer Meth-Höhle mit verhangenen Fenstern wie in *The Shield* treffen würden. Entweder war die Gegend um die Friedrichstraße herum inzwischen zum Ghetto verkommen – in Berlin wusste man das nie so genau – oder ich hatte mir falsche Vorstellungen von einem Treffen mit einem Drogendealer gemacht.

An der Station Kochstraße stieg ich also aus der U-Bahn und wurde sogleich von einem Strudel Touristen erfasst. Natürlich. Es war Sonntagnachmittag, wo sollten die armen Menschen auch hin außer in das quasi rund um die Uhr geöffnete Museum am Checkpoint Charlie. Ich kämpfte mich durch die Massen, konnte es vermeiden von genervten Fahrradkurieren über den Haufen geradelt zu werden – ja, inzwischen sind diese deutlich gefährlicher als die Autofahrer, insbesondere wenn sie aufgrund der Touri-Schwemme nur Schritttempo fahren können – und stand kurz darauf vor der benannten Hausnummer.

Diese Adresse konnte sich tatsächlich sehen lassen. Das Gebäude stand direkt Friedrichstraße Ecke Rudi-Dutschke-Straße, Berlins berühmter Kreuzung mit dem „Rundum-Grün", bei dem alle Autos stehen und nur die Fußgänger laufen dürfen. Exklusiver hätte man es wohl nicht haben können. Schon aus einigen Metern Entfernung sah ich Myriam vor der Tür warten. Nervös fingerte sie an einer Zigarette herum und machte den Eindruck, nur einen kurzen Schreianfall entfernt von der panischen Flucht zu sein. Na das konnte ja was werden.

15.

„Hey, schön dich zu sehen. Ich hatte fast vermutet, dass du unseren Treffpunkt mit Deinem Steuerbüro verwechselt hast und ich gleich vor 'nem irritierten Mann mit Hornbrille stehe." Meine humorvolle Eröffnung wurde von einem verächtlichen Ausschnauben Myriams pariert und ihre schnelle Riposte in Form eines verächtlichen Blickes ließ diesen Punkt endgültig an sie gehen. Ich hielt die Klappe.

„Schön, dass du gekommen bist", gab Myriam mir wieder eine Chance.

Ich nickte.

„Weißt du, eigentlich ist Grobi ein cooler Typ, aber er hat irgendwie nen kleinen Dachschaden. Und wenn er austickt, würde ich lieber woanders sein wollen."

„Hast du gerade ‚Grobi' gesagt? Dein Dealer heißt ‚Grobi'? Ich nehme an, das ist ne Kurzform für ‚Grobian'?"

„Nein!" Myriam musste lachen. „Eigentlich heißt er Lennart Grobinski. Aber ich war mit ihm auf einer Schule und damals wurde er immer nur Grobi genannt – wobei du ihn besser nicht so nennen solltest. Dass der sich mal so entwickelt hätte damals niemand gedacht. Wir haben uns immer nur über ihn lustig gemacht."

Myriam klingelte. Immerhin war die Stimmung jetzt nicht mehr die zweier Galgenvögel kurz vor der Exekution. Während wir in einem schicken, matt verchromten Aufzug neuester Bauart in den obersten Stock des Hauses fuhren, dachte ich darüber nach, wie viele abgefahrene Wendungen dieser Tag wohl noch haben würde. Ich war kurz davor einem High-Roller der Berliner Drogenszene vorgeführt zu werden, dessen Spitzname Grobi war und der „im richtigen Leben" eine gut situierte Werbeagentur führte. Wenn Gott auch vielleicht noch nicht von seinem Sonntagsspaziergang zurück war – seinen Humor hatte er anscheinend schon vorausgeschickt.

Die Aufzugtüren öffneten sich und mich überkam augenblicklich das schamvolle Gefühl underdressed zu sein. Vermutlich hatte der hellgraue Teppich, der den Flur der hochmodernen Büros auskleidete, mehr gekostet als mein ganzes weltliches Besitztum zusammen – von den Obsidiankacheln in der Teeküche mal ganz abgesehen. Wir liefen vorbei an leeren Arbeitsplätzen mit ergonomischen Bürostühlen und schimmernden *iMacs*. Gleichzeitig strahlte die Aufteilung der Büros mit den holzeingefassten

Glaswänden und den dunklen Jalousien einen angenehmen Retro-Charme der fünfziger Jahre aus. Es hätte mich nicht gewundert im vorbei gehen zu sehen, wie sich *Don Draper* aus *Mad Men* in einem der Büros gerade eine Zigarette anzündet. Grobis Büro lag auf der anderen Seite der Büroetage direkt an der Ecke des Hauses – wobei man von einer Ecke nicht sprechen konnte. Das Gebäude war zur Kreuzung hin abgerundet und mit einer großen Fensterfront, die einen herrlichen Blick über Berlin ermöglichte, abgeschlossen. Er hatte sich wirklich mit Abstand den schönsten Ort für seine Arbeit ausgesucht.

Myriam und ich klopften an und betraten dann das großzügige, halbrunde Büro, das zur Agenturseite hin durch die Glaswände samt Jalousien abgetrennt war.

Hinter einem hochmodernen aber stilvollen Tropenholztisch saß ein kleiner, leichenblasser Mann in einem dunkelblauen Anzug. Sein kantiges Gesicht wurde durch eine schwarze Designerbrille dominiert, wobei Monsieur *Dior* gut daran getan hätte, nicht auf jede freie Stelle seinen Namen einprägen zu lassen. Als wir eintraten, verzogen sich seine schmalen Lippen zu einem Grinsen, so dass sein Gesicht der Grimasse einer Basler Fastnachtsmaske gleichkam. Ich musste unwillkürlich grinsen. Er sah aus wie... Grobi.

„Guten Abend, Myriam. Kommt herein." Grobi hatte sich erhoben und knöpfte sein Jackett zu. Ich musste zugeben: sein mit Sicherheit sehr teurer Anzug saß perfekt. Slim Fit, leicht glänzend, amerikanisch geschnitten. Er trug den jeweils ersten Ärmelknopf des Sakkos offen – also maßgeschneidert. Die schwarze Rockabilly-Krawatte passte vor allem gut zur Einrichtung des Büros.

„Ich bin...", setzte ich mühsam an, wurde aber direkt unterbrochen.

„Marius, der Erfolgsautor, richtig? Ist mir eine Freude ihre Bekanntschaft zu machen. Ich bin Lennart." Okay, das war schon mal ein gutes Intro. Weiter so, bitte.

Grobi bat uns einen Stuhl gegenüber des Schreibtisches an und setzte sich dann hinter selbigen.

„Ich habe ihr Buch gelesen, Marius, und bin ein echter Fan. Ich folge ihnen sogar auf Twitter. Herzlichen Glückwunsch zu dem neuen Auto. Ein Schmuckstück, wenn er gut gepflegt ist."

„Schön zu hören, und danke", gab ich ehrlich erfreut zurück und setzte mein Gewinnerlächeln auf.

„Ihr dreht gerade an der Verfilmung, richtig?"

„Richtig. Naja, eigentlich sollten wir in fünf Tagen anfangen. Aber es gibt da ein kleines Problem mit den Finanzen – wie das beim Film so ist." Ich biss mir auf die Lippen um nicht noch mehr spannende Details auszuplaudern. Wir saßen hier zwar im Büro einer Werbeagentur, welche aber Tür an Tür mit der *taz* und mitten im berühmten Berliner Zeitungsviertel gelegen war. Neuigkeiten verbreiteten sich hier vermutlich schneller als niedliche Katzenvideos bei Facebook.

„Verstehe. Na wie ich hörte, stecken wir drei ja auch in einem finanziellen Dilemma, nicht wahr?" Bei diesem Satz fixierte Grobi die neben mir sitzende Myriam, die daraufhin spürbar unruhig wurde. Dieser kleine, schlaksige Mann in dem teuren Anzug konnte plötzlich auf eine karikatureske Art angsteinflößend sein. Erneut eine spannende, wenn auch nicht ganz unbedenkliche Wendung dieses Tages. Nachdem er seine Wirkung ausreichend ausgekostet hatte, lehnte sich Grobi in seinen Chefsessel zurück und entspannte sich ein wenig.

„Möchtet ihr einen Drink?", bot er uns freundschaftlich an. *Don Draper*, ich hatte es doch gesagt.

„Nein, aber eine Rauchen wär super", schoss es aus mir raus.

„Bitte sehr." Grobi stellte einen schweren Aschenbecher aus dunklem, fein gemasertem Marmor vor mich auf den Schreibtisch. Ich begann, mir eine Zigarette zu drehen.

„Ich wusste, dass sie rauchen", begann unser Gegenüber, während er aufstand und sich an der hinter dem Schreibtisch stehenden Bar zu schaffen machte. „Man konnte aus dem Buch herauslesen, dass der Autor kein besonders starker, aber überzeugter Raucher ist. Hat mir gut gefallen."

„Wie gesagt, schön zu hören." Meine Zigarette sah schrecklich aus, was bei meinen verschwitzten Händen kein Wunder war.

Grobi nahm eine schimmernde weiße Davidoff-Zigarette aus einem Etui neben den Whiskey-Flacons und steckte sie sich an.

„Ich nehm nen Vodka auf Eis, Grobi", unterbrach Myriam die Gesprächspause.

Grobi nickte grinsend, füllte ihr ein Glas und reichte es über den Tisch. Kurz darauf setzte er sich wieder und Myriam zündete sich ihrerseits eine Zigarette an. Immer abwechselnd bliesen wir bläulichen Rauch in die Luft. Für einen Moment fühlte ich mich wie in einem Roman von *Raymond Chandler* – oder noch besser wie in einer Verfilmung desselben mit *Humphrey Bogart* in der Hauptrolle. Ich, ein smarter Pechvogel von Privatdetektiv, Myriam, die mysteriöse *Femme Fatale* und Grobi der mit allen Wassern gewaschene Gangsterboss. Wir alle warteten auf den Showdown der Szene.

„Also passt auf", hob Grobi gebieterisch an, nachdem er seine Zigarette ausgedrückt

hatte. „Ihr seid nicht die ersten Kuriere, die eine Ladung Dope verlieren, und ihr werdet vermutlich auch nicht die Letzten sein."
Interessant. Obwohl ich den Mann noch nie zuvor gesehen hatte, war ich jetzt bereits einer seiner Angestellten. Ziemlich fremdenfreundliches Geschäft, dieser Drogenhandel.

„Was allerdings ärgerlich ist, ist, dass es hier um eine nicht unbedeutende Summe geht: Insgesamt 500gr, das sind ungefähr 40.000 Euro. Dieser Verlust schmerzt mich ungemein und ihr müsst verstehen, dass ich als Geschäftsmann nicht einfach darüber hinwegsehen kann."

Was war es nochmal, dass mich damals in meinem Stuhl gefangen hielt? Achja... Ich hatte mir allen Anscheins nach von Grobis Drogengeld ein Auto gekauft. Und mein Gewissen gab es ja auch noch. Myriam und ich nickten folgsam.

„Die gute Nachricht ist, um den geplatzten Deal vorhin braucht ihr euch keine Sorgen zu machen. Da Myriam sofort Bescheid gesagt hat, konnte ich die Sache bereits regeln. Allerdings muss ich mir den dadurch entstandenen Schaden natürlich von euch zurückholen. Das ist klar, oder?"
Erneut ein folgsames Nicken von unserer Seite, wenn auch deutlich zögerlicher.

„Wir haben also drei Möglichkeiten, mit der Situation umzugehen. Möglichkeit eins:

Ihr beschafft mir innerhalb der nächsten Tage entweder das vollständige Päckchen oder seinen Wert in Bargeld. Vielleicht taucht es ja doch noch irgendwo auf oder ihr habt eine reiche Oma, die ihr ihres Vermächtnisses berauben könnt."

Ich biss mir erneut auf die Lippen. Von meiner Seite gab's keine Oma, und ich bezweifelte ernsthaft, dass wir das Päckchen jemals wieder sehen würden – geschweige denn auch noch vollen Inhalts. Myriams Miene verriet mir, dass sie meine Ansicht teilte.

„Die zweite Möglichkeit ist, dass ihr mit mir einen Rückzahlungsvertrag abschließt. In diesem Fall hätte jeder von euch ein Darlehen in Höhe von 20.000 Euro bei mir aufgenommen und der vorteilhaften Verzinsung von 19 Prozent per Anno effektiven Jahreszins zugestimmt. Bei einer Laufzeit von 60 Monaten würde dies eine Rate von etwas über 500 Euro im Monat und einen Gesamtzinsaufwand von etwa 10.160 Euro und ein paar Zerquetschte für jeden von euch bedeuten."

Wie ein guter Rhetoriker machte Grobi eine Pause und lies seine Worte wirken. Hervorragend, ein Darlehensvertrag mit einem Gangster, der Finanzmathematik beherrschte und uns auf ganz legale Weise an der Sittenwidrigkeit vorbei in eine Kreditfalle lockte.

„Und was ist die dritte Möglichkeit?", fragte Myriam in die Stille hinein.

„Achja. Die dritte Möglichkeit ist die, dass ich eure Schuld sofort fällig stelle und die Sache meiner Inkassoabteilung übergebe. Und da wir ja hier nicht von einem Geschäft reden, bei dem ich einen einklagbaren Titel erwarten kann, haben mein Mitarbeiter ihre eigenen Methoden, meine Forderung einzutreiben." Jetzt sah er uns beide abwechselnd mit einem tödlichen Schlangenblick an, der sagen sollte: wenn ich noch deutlicher werden würde, wäre es geschmacklos. Der Mann hatte wirklich etwas Gruseliges an sich.

„Also, wie ihr meinen Ausführungen entnehmen konntet, sollten wir jetzt eine genaue Frist setzen, bis wann wir in der Angelegenheit zu einer Lösung gekommen sein sollten. Wann beginnt nochmal der geplante Dreh, Marius?"

Der Mann ließ tatsächlich keinen Raum für Widerspruch. Wobei ich auch gar nicht gewusst hätte, in wie fern ich hätte widersprechen können. Im ersten Moment war ich nur froh, dass er mir verschiedene Lösungsmöglichkeiten bot und mich nicht umgehend ein ukrainischer Hammerwerfer mit einem Brecheisen bearbeitete.

„In fünf Tagen. Am Donnerstag", sagte ich schließlich stotternd.

„In Ordnung. Bis dahin sollten wir auch zu einem Ergebnis kommen. Wir sehen uns also am Donnerstagabend um 18 Uhr hier in meinem Büro wieder und trinken gemeinsam ein Glas Champagner. Damit feiern wir entweder, dass die Sache sich in Wohlgefallen aufgelöst hat oder eben den Beginn einer wunderbaren neuen Geschäftsbeziehung. Es wird mir ein Vergnügen sein." Damit setzte Grobi wieder sein fratzenhaftes Lächeln vom Beginn des Gespräches auf, erhob sich und wies uns freundlich die Tür. Kurz bevor wir sie erreichten, fügte er hinzu: „Ich hoffe, wir haben dann Zeit ein bisschen zu plaudern, Marius. Und viel Glück mit dem Film!"

Myriam und ich schlossen die Bürotür hinter uns und verließen die Agentur ohne noch ein weiteres Wort zu sprechen.

Gruselig war gar kein Ausdruck.

16.

Ich erinnere mich noch sehr gut daran, wie ich später an diesem Abend allein vor meinem Rechner saß und einem Eiswürfel dabei zu sah, wie er sich in langsamen Schlieren in meinem Whiskey auflöste. Es war bereits mein fünftes Glas an diesem Abend. Da mir diese Entwicklung bereits vorher klar gewesen war, hatte ich zu einem einfachen Kentucky Bourbon gegriffen. *Sad mans company*, wie es so schön heißt. Der Klassiker.

Die Krisenkonferenz zuvor war nicht gerade angenehm und ergebnisreich gewesen: Sechs Leute, die über das Internet miteinander verbunden waren, redeten entweder alle durcheinander oder schwiegen gemeinsam ratlos. Keine sehr erquickende Gesellschaft.

Den Grund, warum das ganze Projekt kurz vor Drehbeginn den Bach runter gegangen war, hatte ich nicht ganz verstanden. Es war nicht lange darüber gesprochen worden. Adam hatte irgendetwas davon erzählt, dass der vorgesehene Koproduzent momentan noch in einem anderen Projekt gefangen wäre und uns deshalb keine Mittel zur Verfügung stellen könnte. Es klang irgendwie unvollständig oder zumindest sehr oberflächlich. Aber da Adam mit Sicherheit ausschloss, dass der Vertrag doch noch zustande kommen könnte, brauchte man sich auch keine Gedanken mehr über die Gründe zu machen. Die Köpfe hatten geraucht. Außer dass Adam morgen früh nach Berlin kommen würde, um persönlich mit den Filmförderern zu sprechen und dem Austausch einiger Kontaktdaten, konnten wir nach zweieinhalbstündiger Konferenz nicht viel vorweisen. Unserer Finanzierung fehlten rund

50.000 Euro, die zum Großteil direkt für den Dreh vorgesehen waren. „Da beißt die Maus keinen Faden ab", hätte meine Großmutter gesagt. Die Produktion brauchte Geld, und zwar schnell, sonst war der Film gestorben und ein Großteil meines eigenen Vermögens wurde mit ihm begraben.

Ich starrte also trübsinnig in meinen Whiskey und dachte darüber nach, dass mein zweites, ganz persönliches Problem im Grunde auch nur mit Geld zu tun hatte. Da meine Chancen in meinem Toilettenkasten ein ganzes Packet Kokain zu finden, gering waren und ich auch niemanden hatte, den ich auf die Schnelle um zumindest 20.000 Euro anpumpen konnte, musste ich mich mit dem Gedanken anfreunden, am Donnerstagabend einen Vertrag mit Shylock-Grobi persönlich abzuschließen. Vermutlich hätte ich ihm lieber direkt ein Pfund meines Fleisches in die Hand gedrückt als 60 Monate lang Wucherzinsen zu bezahlen.

Andrerseits half es auch nichts, jetzt in Trübsal zu verfallen. Wir hatten immerhin ein paar Tage Zeit bekommen, die Sache wieder gerade zu biegen. Ich wusste zwar noch nicht wie, aber ich würde es zumindest versuchen.

17.

Aufgrund der schwerwiegenden Ereignisse des gestrigen Tages, meiner immer noch spürbaren Erschöpfung von der Partynacht und meinem Fehler, gestern dem Whiskey etwas zu sehr zugesprochen zu haben, erlaubte ich mir den Wecker auf zehn Uhr zu stellen. Doch bevor ich die knappen sechs Stunden Schlaf, die mir noch geblieben waren, erholsam beenden konnte, weckte mich das typische „Ding-Ding" einer eingehenden WhatsApp-Nachricht.

Sandra hatte mir geschrieben: *„Hey! Wie sieht' s aus? Wie ist das Gespräch gestern gelaufen? Und hast Du was wegen des Autos rausbekommen? ☺ LG Sandra."*

Ich setzte mich im Bett ein wenig auf und tippte ihr eine Antwort. Ich schrieb ihr von dem gruseligen Grobi und was er verlangte. Bevor ich jedoch zu dem Mustang kam, kündigte mir das Handy einen eingehenden Anruf an.

Es war Bull.

Ich überlegte kurz, ob ich den Anruf annehmen sollte. Bei der Vorstellung, dass er irgendetwas wissen könnte und mich anrief, um mich zur Rede zu stellen, bekam ich spontan Herzklopfen. Hatte Myriam ihm doch etwas erzählt? Andrerseits, wenn er etwas wusste, konnte ich es wenigstens jetzt hinter mich bringen. Das wäre zumindest für mein Gewissen ein guter Start in den Tag gewesen.

„Hey", gab ich kratzig in das Mikrophon, nachdem ich den Anruf angenommen hatte. Meine Stimme klang wie die eines Countrysängers nach einem 24-Stunden-Auftritt für einen Spendenmarathon.

„Hey, Marius", tönte es lautstark zurück, „hab ich dich geweckt?" Bull klang breitschultrig wie immer.

„Nee, bin schon wach gewesen. Was gibt's?"

„Jo, hey", setzte Bull an, und ich war hochgespannt, was nun folgen würde, „ich wollte mal fragen, ob du weißt, wo Myriam steckt? Ich erreiche sie seit gestern nicht mehr und da wollte ich mal hören, ob du was weißt? Vielleicht hat sie ja irgendwas erzählt, oder so...?"

Im ersten Moment atmete ich auf. Er hatte noch keine Ahnung. Bis mir klar wurde, dass ich ihm ja jetzt irgendetwas erzählen müsste – aber wie viel von alldem sollte er erfahren? War es gut, ihm jetzt die ganze Geschichte zu erzählen? Er war auf einem Kinofilm-Dreh im Ruhrpott (irgendeine total abgefahrene Krimikomödie bei der es um verschwundene Leichen ging). Es würde wohl niemandem helfen, wenn ich ihn jetzt in Aufregung versetzen würde.

„Hm, keine Ahnung", begann ich unverfänglich, „ich hab sie seit gestern Abend nicht mehr gesehen."

„Gestern Abend? Habt ihr da noch was zusammen gemacht?" Bull klang ein wenig irritiert, aber nicht alarmiert.

„Ja, wir haben uns abends noch getroffen um was zusammen zu essen. Und über die Party zu quatschen" beantwortete ich seine Frage nahezu wahrheitsgemäß und entschied, in die Offensive über zu gehen. „Ist alles okay, weil du fragst? Ich dachte, ihr zwei wärt gar nicht so eng. Machst du dir irgendwie Sorgen?" Zum Glück stieg Bull auf meine Eröffnung ein.

„Nee, alles gut. Naja, ehrlich gesagt ein bisschen Sorgen mach ich mir schon, nicht weil sie mit irgendwem irgendwas anstellen könnte. Das ist mir eher egal. Aber ich weiß halt, dass sie privat ein paar Sorgen hat und es ist nicht ihre Art, sich gar nicht zurück zu melden – es sei denn irgendwas ist gründlich schief gegangen."

Ich hatte mich getäuscht. Bull wusste doch Bescheid. Innerlich zumindest. Aber ich hatte mein Offensivpotential noch nicht ausgereizt. Insbesondere die neue Info, das Myriam „private Probleme" hatte, weckte meine Neugier. „Private Probleme? Was meinst 'n damit?" fragte ich unschuldig.

„Naja", holte Bull ein wenig aus, „ich weiß nicht, ob ich dir das erzählen sollte. Vielleicht würde sie das lieber selber machen, wenn sie's auch will, weißt du. Ist auch nichts krasses oder so. Aber sie hat's halt gerade nicht einfach."

Noch hatte ich ihn nicht so weit, mir den goldenen Topf des Klatsches komplett zu überreichen. Aber da Männer genauso gerne Klatsch und Tratsch austauschen, wie es den Frauen immer nachgesagt wird, würde ich die Information noch aus ihm herauskitzeln können. Das spürte ich. „Wieso? Hat sie Geldprobleme oder so? Was in der Familie?" Ich warf den Ball hoch zum Aufschlag.

„Nee, ja, auch, von allem so 'n bisschen..."

„Ich meine, es muss ja schon was sein, wenn du dir um sie Gedanken machst..." Ich donnerte den Ball ins andere Feld. Ein Aufschlag der nicht zu kriegen war.

„Ach nee, ich weiß nicht. Ich kann's dir ja erzählen, aber bitte sag ihr nicht, dass du's weißt. Wenn sie's dir irgendwann erzählt, okay, aber sprich sie nicht darauf an."

„Ja, kein Problem." Spiel, Satz und Sieg: Marius.

Bull erzählte mir, dass Myriam ein ziemlich anstrengendes Leben hatte, weil sie sich alleine um ihre kranke Mutter kümmern musste. Er wusste nicht genau, unter welcher Krankheit ihre Mutter litt, aber es war wohl

etwas Chronisches und die Mutter ein Pflege-
fall. Da Myriams Vater schon lange verstor-
ben war und die Geschwister woanders lebten
und sich nur mit unregelmäßigen
Zuwendungen ein reines Gewissen erkauften,
blieb die Pflege und Versorgung ihrer Mutter
allein an Myriam hängen. Sie wiederum beschwerte sich selten darüber, ärgerte sich
aber über die Ignoranz ihrer Geschwister, die
überhaupt nicht wertschätzten, was Myriam
auf sich nahm – und sich selbst finanziell
kaum beteiligten.

Während Bull sprach, änderte sich
schlagartig mein Bild von Myriam ein wenig. Oder vielmehr erweiterte es sich. Myriam hatte ich nur als leichtlebige, attraktive
und unbeschwerte Partymaus kennengelernt
– eine so verantwortungsvolle und emotiona-
le Facette hatte ich bei ihr noch gar nicht
wahrnehmen können.

Bull und ich beendeten unser Gespräch,
indem ich ihm versicherte, ihr auszurichten,
dass sie sich bei ihm melden soll – falls sie
mich vor ihm kontaktierte. Als ich auflegte,
musste ich kurz überlegen. Kurzzeitig
flammte in mir die Idee auf, dass ich vielleicht irgendetwas Entscheidendes übersehen
hatte. Myriams fast tragische Hintergrundge-
schichte und ihr dadurch neu entstandenes
Charakterbild machten mich stutzig. Auch
wenn es noch zu früh war irgendwelche

verrückten Ideen laut auszusprechen... Ich musste mir Gewissheit verschaffen.

Und dazu hatte ich zumindest ein wichtiges Bruchstück des Puzzles vor meiner Haustür stehen: Der Mustang. Ich musste herausfinden, wie ich an den Wagen herangekommen war. Der Verkäufer war meine nächste Spur zu dem verschwundenen Päckchen Koks.

Während meines Telefonats mit Bull hatte mir Sandra mehrere Nachrichten geschrieben. Sie fragte, was ich denn nun machen wolle und was denn nun mit dem Auto wäre. Und sie beschwerte sich, dass Martin sich für ihre Aufräumaktion nicht mal bedankt hatte. Ich musste grinsen. Ich schrieb ihr zurück, dass ich mit Bull telefoniert hatte und erzählte ihr ein wenig vom Inhalt des Gesprächs. Dann schrieb ich, dass ich mir jetzt den Wagen genauer ansehen wollte – vielleicht enthielt er ja doch irgendeinen Hinweis, den Myriam und ich bei der letzten hastigen Durchsuchung übersehen hatten.

Einen Versuch war es Wert. Ich schwang mich aus dem Bett, richtete mich ein wenig her und verließ die Wohnung. Ich nahm „meinen" Ford Mustang jetzt mal genauer unter die Lupe.

Eine zweite grobe Untersuchung des Wagens führte zunächst auch zu keinem Ergebnis.

Erst, als ich mir schließlich den zusammengefalteten Stadtplan aus dem Handschuhfach näher anschaute, fiel mir auf, dass an der Seite etwas handschriftlich eingetragen war. Dort stand, hastig mit Kugelschreiber geschrieben:

„Viel Spaß! Papiere sind bei mir. Ruf an. Gute Fahrt und be safe. Guido." Darunter war noch eine Handynummer zu finden.

Wenn diese Notiz tatsächlich von Samstagnacht stammte, war Guido vermutlich der ursprüngliche Besitzer des Mustangs. Wieso sonst sollte jemand so etwas auf einen Stadtplan schreiben? Mich beruhigte die Vorstellung, dass die Notiz dafür sprach, dass ich den Wagen tatsächlich erworben hatte. Es klang zumindest nicht danach, als wäre der ehemalige Eigentümer nicht einverstanden mit der Übergabe des Fahrzeugs gewesen.

Andrerseits warf das wiederum die Frage auf, wie ich den Wagen bezahlt hatte. Da ich mich nicht daran erinnerte, lag die Vorstellung nahe, dass ich das Auto mitten in der Nacht im Vollsuff gekauft hatte. Und da man für diese Art Geschäfte eher selten ein Autohaus aufsucht, kam eigentlich nur eine Art Hinterhofdeal in Frage.

Der wiederum hätte als Bezahlung so ziemlich alles vorsehen können: Cash, Drogen... sogar Sex oder ein Gefallen. Ich musste herausfinden, wie meine Gegenleistung ausgesehen hatte. Vielleicht war ja eine Rückabwicklung möglich...

Ich wählte die Nummer auf dem Stadtplan. Es klingelte. Endlose Sekunden hob niemand ab, dann hörte ich ein fröhliches: „Jo?"

„Hallo", stotterte ich los. Ich hatte mir vergessen zu überlegen, was ich eigentlich sagen wollte. „Hier ist Marius", bekam ich immerhin noch heraus.

„Jo, hey, Marius. Was geht?"

Immerhin, er wusste, wer ich war. Das hatte er mir voraus.

„Wie fährt er sich?", wurde ich gleich mit der nächsten Frage überfallen.

„Alles gut, wunderbar", log ich, „ich bin noch nicht richtig dazu gekommen, ihn auszufahren."

„Alles klar. Wirst Spaß haben, das garantier ich dir, Mann. Ich hab hier noch die Papiere und alles liegen. Willst du dir den Kram abholen, damit du die Kiste ummelden kannst? Ich mein, wir können uns auch irgendwo treffen oder so."

Ich muss zugeben, der Mann klang äußerst sympathisch, gut gelaunt und nicht maulfaul. Er hatte tatsächlich etwas von einem Gebrauchtwagenhändler. Aber im Moment spielte mir seine Redseligkeit durchaus in die Karten.

„Ja, gute Idee, das wär super. Wann passt es dir?", fragte ich ebenso freundlich zurück.

Wir verabredeten uns für mittags in einem Café im Friedrichshainer Südkiez, in der Nähe der fast weltbekannten Simon-Dach-Straße. Ich war äußerst gespannt, auf wen ich dort treffen würde und ob er meinem Gedächtnis ein wenig auf die Sprünge helfen könnte.

18.

Später saß ich gemeinsam mit Sandra in besagtem Kaffee, während es sich gerade mit der hungrigen Mittagsmeute füllte. Sandra hatte ich kurz nach meinem Telefonat mit Guido angerufen, weil ich ihr mitteilen wollte, was ich herausbekommen hatte und zu faul gewesen war, alles in das Handy zu hämmern. Zu meiner Überraschung bot sie daraufhin gleich an, mich zu dem Treffen zu begleiten. Entweder, sie hatte sich inzwischen doch dazu durchgerungen, mir helfen zu wollen – oder sie war einfach angepisst genug von Martin, um ein wenig Ablenkung zu vertragen. Wie dem auch sei, ich war natürlich sofort einverstanden.

Wir bestellten zwei Kaffee und betrachteten aufmerksam die Menschen, die um uns herumwuselten.

Als Guido jedoch beschwingten Schrittes eintrat, hatte ich ihn auf einen Blick identifiziert. Guido war entgegen meiner ersten Personenvorstellung ein fröhlich lächelnder, etwas schlaksig wirkender Schwarzer – beziehungsweise Afroamerikaner (wobei er aus Haiti stammt), *Maximalpigmentierter* oder wie man das heut zu Tage politisch korrekt nennt. Er hätte auf den ersten Blick ein waschechter Rastafari aus *Bob Marleys* Posse sein können, wenn er dafür nicht ein wenig zu jung gewesen wäre. Ich schätzte ihn auf Ende zwanzig.

„Jo, Mister Marius, wie geht's?", begrüßte er mich überschwänglich, während es schien als würden seine lächelnden Mundwinkel seine Ohrläppchen touchieren.

„Hey, Guido! Danke gut. Super, dass es so spontan geklappt hat."

„Jo, kein Problem, Mann. Ist doch logisch. War echt `ne coole Nummer von dir am Samstag."

„Äh, ja?", gab ich unvermittelt zurück, ohne es wirklich zu wollen.

„Aber sicher! Du hast mich mit der Sache echt aus der Scheiße geholt, dafür bin ich dir dankbar, Mann. Auch wenn ich den Wagen vermissen werde. Aber ich weiß ja, bei dir ist er in guten Händen."

Ich lehnte mich etwas zurück. Auch diese Begegnung hätte deutlich unangenehmer laufen können. Aber anscheinend gab es bisher in meinem Leben noch keinen kruden Geschäftemacher, der mir gleich nach dem erneuten Kennenlernen eine verpassen wollte. Auch Sandra schien sich etwas zu entspannen.

„Also", fing Guido ob unseres Schweigens erneut an zu reden, „hier sind die Papiere, der Vertrag und der ganze Versicherungskram."

Er holte aus seinem fransigen Umhängebeutel eine in etwa Din-A-4-große Mappe heraus, legte sie auf den Tisch und klappte sie auf. In ihr lagen die genannten Unterlagen... inklusive eines von mir unterzeichneten Kaufvertrags. Das wiederum versetzte mich erneut in Anspannung.

„Wir haben sogar einen Vertrag unterzeichnet?", platzte es aus mir aus und Guido sah mich irritiert an.

„Ja, klar, Mann. Ich meine es war spät und so und wir waren beide ziemlich fertig, aber du hast darauf bestanden."

Ich schloss kurz die Augen. Das war wieder so typisch für mich. Sturzhackedicht bescheuerte Geschäfte tätigen – aber auf einen Vertrag bestehen. Mit einem vorsichtigen Seitenblick bestätigte ich mein Gefühl, dass Sandra in diesem Augenblick genau dasselbe dachte.

„Ist alles okay, Bro? Du siehst grad irgendwie fertig aus...", erkundigte sich Guido.

Ich seufzte und gestand ihm schließlich, dass ich nicht mehr den blassesten Schimmer hatte, wer er war, woher wir uns kannten, wie, wann und warum ich das Auto gekauft hatte und was danach passiert war. Ich hatte von dem ewigen Konversationsspielchen genug und wollte ab jetzt mit offenen Karten spielen. Glücklicherweise nahm Guido die Erklärung äußerst gelassen auf und nickte sogar ein oder zwei Mal verständnisvoll. Anschließend erzählte er mir, wie die ganze Sache seiner Erinnerung nach abgelaufen war. Wobei er gleichzeitig zugab, ebenfalls ordentlich „Dampf auf dem Kessel gehabt zu haben" – sprich, er war auch betrunken gewesen. Dennoch hatte er keinen kompletten Filmriss wie ich und konnte meiner Erinnerung ein weiteres Teil des Puzzles übergeben.

Er erzählte mir, dass wir uns in der Samstagnacht im *Berghain* kennengelernt hatten – zu einem Zeitpunkt, an dem ich seiner Erinnerung nach sowohl schon ordentlich getrunken als auch bereits genug vom *Berghain* hatte. Das wiederum konnte ich mir gut vorstellen, insbesondere den zweiten Teil der Aussage. Wir hatten zusammen eine geraucht und waren irgendwie ins Gespräch gekommen, während Myriam noch auf der Tanzfläche war. Aus dieser Unterhaltung resultierte, dass wir noch ein wenig zusammen im *Berghain* feierten und Guido uns dann

anbot, uns nach Hause zu fahren. Er be-
schrieb ausführlich, wie ich mich anscheinend augenblicklich in sein Auto verliebt
hatte – den besagten Ford Mustang. Ich hätte wohl mit dem Schwärmen überhaupt
nicht mehr aufgehört. Schließlich, so berichtete Guido weiter, hätte er mir erzählt, dass
er den Wagen verkaufen wolle. Um genau zu
sein hätte das Auto am Samstag schon verkauft werden sollen. Der Deal war aber ge-
platzt, und da Guido auf das Geld angewiesen
gewesen war, suchte er nun händeringend
nach einem neuen Käufer.

„Und dann hast du einfach gesagt: Jo, Alter. Ich kauf den Wagen!", berichtete er
schließlich, „und damit hast du mir den
Arsch gerettet. Ich brauchte die Kohle am
Sonntag, und du bist echt meine letzte Rettung gewesen."

„Ich habe dich also mit Cash bezahlt?",
fragte ich neugierig.

„Jo, Cash. Viertausend. Ist `ne Lachnum-
mer für das Schmuckstück, ich weiß. Aber du
musst auch noch einiges dran tun und ich
brauchte die Kohle einfach extrem dringend.
Hast also n verdammt feines Schnäppchen
gemacht, Alter." Guido lehnte sich zurück
und leckte mit einer fließenden Bewegung
das Blättchen von der Zigarette ab, die er
sich gerade gedreht hatte. Wobei es auch ein

Joint hätte sein können, Guidos Art nach zu urteilen.

Ich hatte also viertausend Euro in Bargeld an ihn bezahlt. Vermutlich hatte ich tatsächlich einen Teil der Drogen zuvor versetzt. Wie sonst hätte ich plötzlich zu so viel Cash gelangen sollen? Selbst wenn ich mit meiner Kreditkarte an einen Bankautomaten ging, reichte mein Kreditlimit für nicht mehr als 2.000 Euro.

„Und ich habe dich gleich bezahlt?", fragte ich ihn anschließend.

„Ja, Bar. Cash, direkt auf die Kralle."

„Und habe ich dir zufällig gesagt, woher ich so viel Bargeld hatte?"

„Äh, ne, Bro. Keine Ahnung." Guido zuckte die Schultern und ich überlegte, was ich ihn noch fragen könnte.

„Also erinnerst du dich noch daran, ob Marius das Geld dabei hatte oder er es erst besorgen musste?", kam Sandra mir mit einer intelligenten Frage zuvor. Guido überlegte kurz.

„Nee, das hatte er nicht dabei. Wir sind noch zum Automaten gefahren. Ich glaube sogar zu mehreren."

Ich wollte gerade meinen Einspruch erheben, dass mein Kreditlimit ja wie gesagt doch gar nicht ausreichen würde... Bis mir auffiel, dass Guido „mehrere Automaten" gesagt hatte. Da kam mir ein Verdacht und ich holte mein Smartphone heraus. Ein paar Tastendrucke später hatte ich den Fall gelöst – und sein Ende war gleichsam befreiend wie erschreckend.

Mir war eingefallen, dass ich ja mehrere Karten besaß, die zu unterschiedlichen Konten gehörten. Bei einem Konto konnte ich vielleicht nicht mehr als 2.000 Euro am Tag abheben... Aber wenn ich in der Nacht klug – oder verrückt – genug gewesen war, mit mehreren meiner Bankkarten an verschiedenen Automaten Geld abzuheben, hätte es mir gelingen können auf die Summe zu kommen. Mit Hilfe meiner Banking Apps auf dem Smartphone überprüfte ich kurz meine Bankkonten und siehe da: Die Buchungen waren gerade eingetroffen, ich hatte von allen meinen drei Konten insgesamt 4000 Euro abgehoben. Alles in der Samstagnacht.

Damit war klar, dass ich den Mustang tatsächlich von meinem eigenen Geld bezahlt hatte – der Kauf des Autos stand mit dem Verlust des Päckchen in keinerlei Beziehung. Auch wenn ich trotzdem weiterhin in die Sache verwickelt war, bedeutete doch diese Erkenntnis zumindest, dass ich vermutlich nicht die Hauptschuld daran trug. Andrerseits bedeutete dieser Spontankauf wiederum, dass ich jetzt wirklich pleite war – meine Ersparnisse jedenfalls waren restlos futsch.

Guido erzählte noch, wie er am nächsten Tag seine Schulden mit dem Geld bezahlte, wobei er nicht genau erzählen wollte, um welche Art Deal es dabei gegangen war – und ich wollte es auch gar nicht wissen. Mein Unterwelt-Pegel war sowieso schon weit im roten Bereich. Ich verabschiedete mich aber innerlich von der Hoffnung, das Geschäft rückabwickeln zu können. Guido hatte mein Geld schon wieder jemand anderes in die Hand gedrückt. Immerhin klang diese Transaktion ausreichend unheimlich genug, als dass ich mir nicht vorstellen konnte, dass Guido mir mein Geld zurückholen würde... geschweige denn könnte. Außerdem schien er ehrlich glücklich zu sein, dass die Sache für ihn doch noch gut ausgegangen war, was mir in gewisser Weise gefiel – ganz abgesehen von der Tatsache, dass ich mich schon an den Gedanken gewöhnt hatte, dass der Mustang jetzt mir gehörte. Im Grunde wollte ich ihn schon gar nicht mehr hergeben, insbesondere jetzt, wo ich wusste, dass er mit den Drogen überhaupt nichts zu tun hatte. Nein, ich war jetzt Autobesitzer – obwohl ich das nie zu träumen gewagt hätte.

Wir verabschiedeten uns von Guido schließlich und addeten uns noch bei Facebook, was er mit einem *„to stay in touch, ya kno*?" quittierte. Lustiger Rastamann.

Sandra und ich stellten fest, dass wir noch gar nichts gegessen hatten und setzten uns schließlich in eine Pizzeria in der Nähe. Es half vielleicht, nicht nur die brisanten Neuigkeiten sondern dazu noch ein wenig Nahrung zu verdauen.

Nachdem wir gegessen hatten, kamen wir wieder auf das Thema meiner Misere zurück. Es war also eindeutig geklärt, dass ich das Auto zwar betrunken aber aus freien Stücken mit meinem eigenen Ersparten erworben hatte. Guido hatte erzählt, dass sowohl Myriam als auch ich ziemlich betrunken oder auf Droge gewesen waren, aber von einer übermäßigen Menge Koks oder Bargeld hatte er nichts erwähnt. Dies konnte nur bedeuten, dass wir daran zu dieser Zeit gar nicht mehr gedacht hatten – vielleicht war ja alles schon verkauft oder verbraucht? – oder aber Guido hatte uns das ganze Päckchen während des Autokaufs abgenommen. Dieser Gedanke war Sandra gekommen und obwohl mein Bauchgefühl nicht zustimmte, war das auch eine legitime Möglichkeit. Wenn Guido vielleicht gar nicht so besoffen gewesen war, wie er angab, könnte er von den Drogen etwas mitbekommen haben – und hätte sie uns in einem unbeobachteten Moment einfach abgenommen.

Auf der anderen Seite wäre diese ganze Nummer ein ziemliches Husarenstück gewesen. Er konnte sich nicht sicher sein, ob wir uns wirklich an nichts erinnern würden. Auch seine hinterlassene Nummer und die generelle Freundlichkeit, mit der er mir begegnet war, ließen mich an dieser Theorie zweifeln. Ich war mir sicher, dass uns das Päckchen irgendwann anders verlustig gegangen sein müsste. Da wir die Autoübergabe direkt vor meiner Haustür gemacht hatten – Guido hatte danach freudestrahlend ein Taxi nach Hause genommen – waren wir anschließend sofort hoch zu mir und schließlich übereinander hergefallen. Damit müsste das Kokain also schon vorher verschwunden sein, denn meine Wohnung hatten wir bereits gehörig auf den Kopf gestellt.

Sandra und ich dachten eine Weile darüber nach, konnten aber in der zwar immer noch löchrigen aber inzwischen erkennbaren Zeitlinie keinen Punkt entdecken, an dem Myriam und ich den Stoff hätten verlieren, ausgeben oder verkaufen können. Wir waren von Sandras Party mit einer Gruppe ins *Berghain* abgezogen. Im *Berghain* haben wir etwas gefeiert, aber vermutlich nicht allzu lange und intensiv – ansonsten hätte ich nicht so schnell genug davon gehabt.

Dass wir also in dem Club rund 500gr Kokain innerhalb kürzester Zeit verbraucht haben, ist möglich, aber unwahrscheinlich. Wir hätten schon ziemlich damit um uns pusten müssen – oder den Club statt mit Guido zusammen einzeln auf einer Krankentrage verlassen. Selbst wenn wir gedealt hätten und alle 500gr losgeworden währen: Wo war dann das Geld oder was haben wir dafür bekommen?

Natürlich könnte es uns auch im Club gekaut worden sein. Aber am nächsten Morgen war Myriams Handtasche ansonsten vollständig gewesen, es hatte nur das Päckchen gefehlt. Und das ein Dieb, der uns zufällig rotzevoll im Club entdeckt hatte, herausbekam, was sich in der Handtasche befand und es uns anschließend geschickt entwendete, wäre ein äußerst folgenschwerer Zufall gewesen. Als Drehbuchautor finde ich in Filmen diese „konstruierten Zufälle" selbst immer so grauenvoll, dass ich in der Realität gar nicht erst daran glaube. Auch wenn ich zugeben muss, schon einige Male an meiner Einstellung diesbezüglich gezweifelt zu haben.

Trotz aller Überlegungen und Theorien kamen Sandra und ich an dem Punkt nicht weiter. Mir fehlte noch ein letztes Puzzlestück um das Bild vollständig zusammensetzen zu können.

„Aber sag mal, Marius", unterbrach Sandra meinen Gedankenfluss, „in wie fern hängst

du jetzt eigentlich noch in der Sache drin?"
Ich stutzte kurz und sah sie verständnislos
an.

„Ich meine", begann sie ihre Ausführung,
„dass wir überhaupt nicht wissen, ob und
wenn ja in wie fern du etwas mit dem Verschwinden von dem Zeug zu tun hattest.
Klar, du warst mit ihr Feiern, aber das bedeutet doch nicht, dass du das Zeug verloren
hast. Schließlich hast du sogar das Auto von
Deinem eigenen Geld bezahlt – und nicht
mit Drogengeld oder dem Zeug selber."

Natürlich hatte sie eigentlich Recht. Aber
abgesehen davon, dass Grobi sich nicht wirklich dafür interessieren würde, in wie fern ich
an der Sache tatsächlich beteiligt war: mir
gefiel auch nach wie vor die Vorstellung
nicht Myriam in diesem Moment im Stich
zu lassen. Ich bin zwar kein mutiger Mensch,
aber jetzt zu Myriam zu gehen und zu sagen:
‚Ich wars nicht, ich bin raus – sie zu wie du
alleine klar kommst' fand ich nicht in Ordnung.

„Aber dieser Grobi wird mich da trotzdem
nicht rauslassen. Dem ist es doch egal, von
wem er sein Geld kriegt. Und bei mir rechnet
er sich vermutlich sogar bessere Chancen
aus."

„Ja, aber was hat er denn gegen dich in
der Hand?"

Diese Frage erstaunte mich. Über so etwas hatte ich noch gar nicht nachgedacht.

„Ich meine, was will er machen?", fuhr Sandra fort. „Will er euch anzeigen? Oder euch die Beine brechen? Wie will er dich denn dazu bringen, diesen Vertrag zu unterschreiben?"

„Keine Ahnung. Der war schon irgendwie gruselig", gab ich jungenhaft zurück.

„Ja, klar war der gruselig", donnerte es mir entgegen, „er musste euch ja auch einschüchtern. Du kannst mir doch nicht erzählen, dass der Typ jetzt *Moskau Inkasso* losschickt, um Geld aus euch rauszupressen, das ihr nicht habt. Allein die Androhung davon glaube ich doch schon keinem halbwegs intelligenten Gangsterfilm mehr. Er hat euch eingeschüchtert, hat einen Vertrag vorbereitet und hofft, dass ihr dumm genug seid, ihn zu unterschreiben. Ich muss sagen, der Kerl ist geschickt – aber er blufft."

Hugh. Sie hatte gesprochen. Und ich war sprachlos. War es so einfach? Könnte ich mich einfach in Grobis Designersessel setzen und sagen: ‚Ätsch, du Windei, lass mich in Ruhe, du kannst mir gar nix?' Wie würde er reagieren? Dass er ernsthaft Schlägertypen losschicken oder gar selber gewalttätig werden würde, empfand ich ebenso wie Sandra bei genauerer Überlegung als extrem unwahrscheinlich. „Hm. Vielleicht hast du

Recht", gab ich zurück, während ich die ganze Idee weiter durchdachte. „Vielleicht sollte ich ihn einfach konfrontieren und ihm den Wind aus den Segeln nehmen. Das könnte mir dieses Problem ja vielleicht sogar vom Hals schaffen."

„Stimmt", antwortete Sandra langsam nickend. Ich konnte förmlich hören, wie sie in ihrem Kopf hinzufügte: ‚wenn du die Eier dazu hast.'

Ja, ich würde ‚die Eier dazu haben'. Ich hatte genug von der Anhäufung von Problemen. Zeit, mal ein paar davon endgültig auf den Rest-in-Peace-Stapel zu verfrachten.

19.

Sandra und ich zahlten und gingen anschließend zu mir. Am Nachmittag sollte noch eine Skype Konferenz bezüglich des Films stattfinden. Da Sandra bereits als Standfotografin ein Teil des Filmteams war, interessierte es sie ebenso, wie gerade der Stand der Dinge war.

Beschwingt von der Energie, die uns das Gespräch beim Mittagessen beschert hatte, diskutierten wir auf dem Weg weiter über mein Vorgehen. Wir waren uns einig, dass ich Grobi so schnell wie möglich mit meiner Feststellung konfrontieren sollte. Meiner

Einschätzung nach war er ein äußert geschickter Geschäftsmann, der insbesondere deshalb so erfolgreich war, weil er seine Deals und Verhandlungen äußerst akribisch plante. Er versuchte stets, sich auf seinem eigenen und damit sicheren Terrain zu bewegen, recherchierte viel und legte sich dann eine Strategie zurecht, wie er mit seinem Gegenüber umgehen wollte. Was Myriam und mich betraf, war sein Schlachtplan eindeutig: Erst war er überaus freundlich zu mir gewesen, weil er dachte, dass ich das Geld sowieso am ehesten würde besorgen können. Dann, nachdem er von den finanziellen Nöten des Films gehört hatte, wusste er, dass ich vermutlich auch nicht sofort 40.000€ auf sein Konto überweisen könnte. Er kam also schnell auf den Punkt, ohne uns Zeit zum Erfassen der Situation zu lassen. Er präsentierte uns zwei – eigentlich drei, aber die Dritte war mehr so eine Art „Worst Case" Ausblick, der zu seiner Einschüchterungsstrategie gehörte – Lösungsmöglichkeiten und knüpfte sie an ein Ultimatum. Noch bevor wir überhaupt wussten, wie uns geschah, hatte er uns hinauskomplimentiert. Er wollte uns instinktiv klarmachen, dass es keine Chance auf Verhandlungen gab und wir nicht anders als durch Annahme eines seiner beiden Vorschläge aus der Sache heraus kamen. Kein Wunder, dass der Mann es so schnell so weit gebracht hatte. Er war wie eine Schlange, die verborgen auf den richtigen Moment wartet um dann blitzschnell zuzuschlagen. Auch wenn ich es nur ungern zu gab – ich empfand ein wenig Respekt für ihn.

Wenn ich ihn also schlagen wollte, musste ich ihn auf dem falschen Fuß erwischen – seine eigene Strategie gegen ihn wenden. Ich musste ihm schnell und entschlossen sagen, dass er nichts gegen uns in der Hand hatte und ich der Meinung wäre, dass er mit seiner angedrohten Gewaltanwendung bluffen würde. Wenn ich das geschickt anstellte und meine Einschätzung richtig war, würde er nicht in der Lage sein, die Situation schnell genug zu erfassen und in seine Richtung zu wenden – und vielleicht zumindest ein offenes Ohr für Verhandlungen zu haben. Wenn ich es schon nicht schaffte, uns ganz von ihm zu befreien, könnte ich hoffentlich zumindest einen deutlich besseren Deal für uns herausschlagen.

Zu Hause angekommen suchte ich mir aus dem Internet seine Firmen-Kontaktdaten, während Sandra uns Kaffee kochte. Wir setzten uns auf die Couch und ich rief in Grobis Büro an. Seine Sekretärin sagte mir, dass Herr Grobinski gerade nicht zu sprechen wäre, sie ihm aber gerne eine Nachricht ausrichten könnte. Ich konnte mir am anderen

Ende der Leitung sofort eine Dame Anfang vierzig mit hervorragend manikürten Fingernägeln, einem züchtigen Business-Kleid, Perlenohrsteckern und 40er Jahre Frisur vorstellen – aber vielleicht trieb da meine Fantasie Schabernack mit mir.

Ich hinterließ eine einfache Rückrufbitte ohne genau zu sagen, worum es geht und legte auf. Noch bevor mein Kaffee abgekühlt genug war, um einen Schluck davon zu nehmen, klingelte mein Telefon. Es war eine unterdrückte Nummer, aber ich nahm den Anruf trotzdem an. Natürlich war es Grobi. Ohne viel um den heißen Brei herumzureden, fragte ich ihn, ob wir uns treffen könnten – möglichst bald. Als Grund nannte ich ihm, dass ich noch ein paar Fragen hätte, die mir weiterhelfen könnten, seine Ware wieder zu beschaffen. Er willigte ein und wir verabredeten uns für ein Treffen nach Geschäftsschluss in der Agentur. Ich wollte mich zwar eigentlich außerhalb seiner gewohnten Umgebung mit ihm treffen, aber da er mir sagte, dass er noch bis spät Nachts im Büro wäre, könnte man sich außerhalb höchstens morgen zum Mittagessen treffen – so lange wollte ich aber nicht warten. Meine Strategie würde auch in seinen heiligen Hallen funktionieren, so hoffte ich zumindest.

Wir legten auf und ich gab Sandra einen kurzen Abriss des Gesprächs. Wir feilten noch ein wenig an meiner Vorgehensweise, drifteten dann jedoch schnell zu anderen Themen hinüber. Sie kotzte sich ein wenig über Martin aus, doch bevor wir tiefer in die Materie eindringen konnten, war es Zeit für die Skype Konferenz mit den Anderen. Nach einander kündigte mir die Software an, dass die Gesprächsmitglieder online kamen und schließlich hostete Adam, der Produzent, eine Gruppenkonferenz.

Das Ergebnis war nicht viel erquickender als das des gestrigen Gesprächs. Der abgesprungene Koproduzent war endgültig raus. Adam hatte sich heute mit den involvierten Sendern in Verbindung gesetzt, aber diese konnten oder wollten ihre Beteiligungen nicht erhöhen – zumindest nicht ohne vorhergehende lange Verhandlungen, für die wir die Zeit nicht hatten. Außerdem hatte er morgen noch jeweils einen Termin mit zwei großen öffentlichen Filmförderern und erhoffte sich davon einen Durchbruch, um den Dreh pünktlich starten zu können. Ich persönlich gab diesem Versuch wenig Chance auf Erfolg – wenn schon die Sender erst mal verhandeln wollten, konnte ich es mir nicht vorstellen, dass eine Behörde wie die Filmförderung bereits unterschriebene Verträge einfach so kurzfristig ändern würde. Aber vielleicht machten sie ja einen Ausnahme. Auch Ideen wie zusätzliche Werbepartner für mehr „Schleichwerbung" wurden diskutiert. Ich persönlich mag es zwar auch nicht, wenn im Kino mit Marken um sich geworfen wird. Aber am Ende beschließe ich nur selten, dass ein *James Bond* Film schlecht war, weil wieder demonstrativ seine Omega-Uhr ins Bild gehalten hatte. Solche Dinge sind im Endeffekt nicht für den Erfolg eines Films entscheidend – aber selbst das wäre egal, wenn ein Film gar nicht erst gedreht wird. Und im Gegensatz zum Dschungel der Filmförderung und dem Poker mit den öffentlichen und privaten Sendern ist so ein bisschen „einfaches Werbegeld" für einen Produzenten oft ein Segen – wenn nicht gar die letzte Rettung.

Nichtsdestotrotz stand uns diese Option nicht zur Verfügung. Auch diese Lösung bedeutete Verhandlungen. Eine Summe von 50.000€ in einen deutschen Film zu stecken war selbst für einen Großkonzern eine zweite Überlegung wert. Vermutlich konnten wir erst mit einem Ergebnis rechnen, wenn nach dem ursprünglichen Produktionsplan der Rohschnitt schon hätte fertig sein sollen. Wir trennten uns also erneut nahezu erkenntnis- und ergebnislos.

„Naja", brach ich das betretene Schweigen, nachdem Sandra auf „auflegen" geklickt hatte, „jetzt erschlage ich erst mal den einen Drachen und dann zähme ich die nächste

Bestie." Sandra antwortete nur mit einem langsamen Kopfschütteln, aber ich spürte, wie sie dabei lächelte.

„Ach, Mann, Marius, deine Zuversicht hätte ich echt gerne..." brachte sie schließlich seufzend zum Ausdruck. „Manchmal habe ich das Gefühl, du lebst nur durch das Chaos, dass du um dich herum anrichtest." Oh-oh. Das klang nach keinem guten Anfang. „Ich meine, wenn du nicht ständig irgendwie in Schwierigkeiten wärst, könntest du gar nicht der sein, der du wirklich bist. Weißt du, ich dachte jetzt wäre endlich alles cool: Dein Buch macht dich erfolgreich. Du hast endlich mal genug Kohle und kannst jetzt munter weiter schreiben. Dann soll das Ganze auch noch verfilmt werden. Und ich hab Martin kennengelernt. Ich dachte, es läuft jetzt alles endlich mal rund." Bei ihrem letzten Satz war sie ruhiger geworden – fast melancholisch. Ich sollte jetzt etwas sagen.

„Naja", begann ich vorsichtig, „ für mich war das eher umgekehrt."

Sie blickte mich fragend an.

„Was ist denn passiert, nachdem ich plötzlich Erfolg hatte und du Martin kennengelernt hast?"

Sie blickte mich weiter fragend an und schüttelte leicht den Kopf dazu.

„Wir zwei", begann ich erklärend, „haben uns total aus den Augen verloren. Ich hatte plötzlich lauter Termine und Zeitdruck und jede Menge Partys und du bist mit Martin um die Welt gereist. Wir waren früher total eng befreundet. Aber seit all das passiert ist, haben wir uns kaum mehr als zehn zusammenhängende Minuten unterhalten. Und ehrlich gesagt bin ich fast froh, dass gerade wieder so 'n Chaos ist – jetzt kommen wir zwei nämlich endlich mal wieder dazu, ein bisschen Zeit miteinander zu verbringen. Auch wenn gerade insgesamt die Kacke am Dampfen ist."

Für einen kurzen Moment musste Sandra lächeln. Dann verzog sich ihr Lächeln von „geschmeichelt" zu „mitleidig" – keine gute Wendung.

„Weißt du, Marius, genau das war immer das Problem. Wir waren immer super darin, gemeinsam Probleme zu lösen. Und wenn danach das normale, einfache, tägliche Miteinander drohte zu lange anzuhalten, hast du immer irgendein Drama produziert. Ein riesiges Problem, dem wir uns beide sofort annehmen mussten. Ich konnte mich nicht mehr neben dir entspannen, weil ich immer befürchtet habe, die nächste Katastrophe steht schon vor der Tür. Das hält man nicht lange aus."

Ich nickte nur getroffen. Meine Stimmung war wieder auf dem Nullpunkt. War ich wirklich so ein Unglücksjunkie?

Ich konnte es mir eigentlich kaum vorstellen. Mich machten die ständigen Sorgen um Geld und Beziehungen und Freunde und dies und jenes selber völlig krank. Aber aus irgendeinem Grund geriet ich immer mitten hinein.

„Hey. Marius." Sandra beugte sich zu mir und ihre Stimme wurde sanfter. „Jetzt schau nicht so geknickt. Ich weiß, dass du das alles nicht absichtlich machst. Aber es musste mal raus, okay?" Ich nickte und versuchte zu lächeln, was mir jedoch noch nicht überzeugend gelang.

„Außerdem muss ich das mal sagen. Sonst würde ich dich nur ständig dafür loben, dass du so gut darin bist Probleme zu lösen. Ich fände es nur mal gut, wenn du das zur Abwechslung mit Problemen machen würdest, bei denen es nicht darum geht, dass du wieder deinen eigenen Arsch retten musst. Aber jetzt kriegen wir erst mal das eine wieder hin, dann den Rest. Okay?"

Sie legte mir ihre Arme um den Hals und küsste mich auf die Stirn. Ich roch ihren vertrauten Duft, genoss die Berührung ihrer Haut und zuckte leicht, als mich ihre Locken im Gesicht kitzelten. Diese Frau hatte etwas Magisches an sich – und ich konnte mich einfach nicht von ihrem Zauber lösen.

Zu meinem Unglück verließ mich meine Hexenmeisterin kurz darauf – Martin hatte sich gemeldet und Sandra hielt es für angebracht, sich mal wieder zu Hause zu zeigen. Außerdem hatten wir uns darauf geeinigt, dass ich die Sache mit Grobi sowieso alleine erledigen müsste. Noch weitere Mitspieler würden nur seine Aufmerksamkeit von mir ablenken.

Während ich Sandra verabschiedete, fragte ich scherzhaft noch, was es mit diesem grässlichen Bildband über Babyfotografie auf sich hatte. Ihre Reaktion war ein wütendes Schnauben und ein gegrummelter Satz darüber, dass dieses Buch wohl das schrecklichste Geschenk gewesen war, das ihr je in ihrem Leben jemand gemacht hatte. Sie hatte es aber nicht übers Herz gebracht, ihm das zu sagen. Meine darauf folgende Andeutung, dass das Buch ja von ihm auch als unmissverständlicher Wink mit dem für die Fortpflanzung benötigten Zaunpfahl sein könnte, kommentierte sie nur mit einem gemurmelten *„it better not"*, während sie energisch die Wohnung verließ. Ich schloss die Tür hinter ihr... und grinste.

20.

Nicht allzu lange Zeit später stand ich erneut vor dem runden Eckgebäude an der Friedrichsstraße. Diesmal umvölkerten mich keine Scharen an Touristen, wobei auch an einem kalten Montagabend hier noch einige zu finden waren. Die Fenster des Gebäudes waren dunkel, nur ganz oben, in Grobis Büro, brannte noch dämmriges Licht. Ich klingelte und wurde prompt eingelassen.

Die Agentur wirkte auf den ersten Blick unverändert zum Abend davor, als hätte dort niemand heute auch nur einen Stift bewegt. Schummeriges, kaltes Licht, leere Schreibtische – einzig am Füllstand des ein- oder anderen Papierkorbes konnte man erkennen, dass hier doch jemand tätig gewesen war.

Grobis Büro war tatsächlich das Einzige, in dem noch Licht brannte. Ich klopfte an und wurde umgehend hereingebeten. Die Luft war schwanger vom Rauch einer *Montecristo* und auf dem Schreibtisch stand ein Flacon mit einer bernsteinfarbenen Flüssigkeit darin und mehreren Whiskeytumblern daneben. Grobi stand mit dem Rücken zu mir am Fenster. Die Zigarre glimmte in seiner linken Hand und eine dünne Fahne bläulichen Rauches stieg davon auf.

In diesem Moment spürte ich sie wieder, diese eigenartige Atmosphäre.

Philip Marlowe, *Sam Spade, Harry Angel*. Dieser Raum war wie ein Portal in das fiktive Leben eines *hardboiled detective*. Grobi hatte das selbst in der Kürze der Zeit wieder hervorragend inszeniert – er, der fiese Gangsterboss, stand Zigarre rauchend mit dem Rücken zu mir vor den Fenstern. Er wusste, dass der Raum dunkel genug war, dass er zunächst nur als Silhouette vor der nächtlichen Berliner Skyline erkennbar sein würde. So konnte er sich gleich langsam umdrehen und einen durchdachten Auftritt hinlegen.

Aber auf dieses Spielchen war ich vorbereitet – und nahm seine Herausforderung gerne an. Ich schloss die Tür hinter mir und nahm Hut und Mantel ab. Ich hatte mir extra ein spezielles, Vintage-artiges Outfit zusammengestellt, um mich in diesem Büro nicht innerlich deplatziert vorzukommen. ‚*Dress for the occasion*‘ war mein Motto gewesen. Ich sagte erst mal nichts und zwang Grobi dazu, sich früher als geplant umzudrehen. Stattdessen hang ich meine Garderobe auf, nahm mir wie selbstverständlich eine Zigarette aus seinem Etui und goß mir einen Whiskey ein. Noch bevor er ein Wort sagen konnte stand ich neben ihm am Fenster und tat ebenso, als würde ich nach draußen schauen. Ich spürte, wie er mich sichtlich irritiert anblickte.

„Ich muss zugeben, Lennart", begann ich ruhig und so cool ich konnte, „ich bin beeindruckt von ihnen." Ich machte eine Pause und ließ den Satz erst einmal wirken – genau, wie er es zuvor mit uns getan hatte. Es schien zu funktionieren. Grobi sagte gar nichts.

„Sie sind einer der jüngsten und erfolgreichsten Geschäftsmänner Deutschlands. Sie haben sich das alles selber erarbeitet, Stein auf Stein. Dabei kamen sie nicht aus einem begüterten Elternhaus, im Gegenteil, ihre Eltern haben durch die Wende alles verloren. Sie jedoch haben später sogar die Schulden ihres Vaters zurückgezahlt. Und dann haben sie sich, nachdem ihre Agentur super lief, den Drogenhandel als Zubrot überlegt. Ich meine, wie cool ist das denn?" Ich machte eine kurze Pause und lachte, um den ersten Teil meiner Rede abzuschließen und Grobis Reaktion zu beobachten. Seine anfänglich erstaunte Miene hatte sich in einen Ausdruck interessierter, aber vorsichtiger Aufmerksamkeit verwandelt. Er hatte bereits den ersten Schock überwunden und wollte nun wissen, worauf ich hinaus wollte. Ich brach die Situation auf indem ich mich vom Fenster wegdrehte und mich in einen Sessel der teuren Sitzgruppe fallen ließ, welche direkt am Fenster stand.

„Ich meine, ganz im Ernst, ein Drogendealer der zwar im großen Maße dealt, aber eigentlich angesehener Werbemann ist.... Gefällt mir gut. Klingt nach ner spannenden Figur."
Ich grinste und nippte an meinem Drink. Jetzt musste ich zur Sache kommen, sonst würde ich seine Aufmerksamkeit verlieren. „Allerdings frage ich mich ernsthaft, ob sie nicht inzwischen so erfolgsverwöhnt sind, dass sie in Bezug auf unser Verhältnis ein paar Kleinigkeiten übersehen haben."

Bumm! Ich hatte ihn gezogen, den Abzug für den Beginn unseres „richtigen" Gespräches. Ich beobachtete wie Grobi den Kopf schief legte, sich vom Fenster löste und in Richtung Whiskey Flacons ging. Wie beiläufig fragte er während des Gehens: „Ach ja? Und in wie fern?"

„Nun ja", begann ich, während ich wartete bis er sein Glas aufgefüllt und auf dem Weg zurück zur Sitzgruppe war. „Ich denke, dass keine der von ihnen vorgeschlagenen Lösungen angebracht ist. Das Kokain ist verlustig gegangen, während Myriam darauf Acht geben sollte. Das ist richtig. Aber wie und unter welchen Umständen kann nicht mehr zweifelsfrei rekonstruiert werden – ganz abgesehen von der Tatsache, ob ich überhaupt etwas mit der Geschichte zu tun habe oder nicht." Ich pausierte kurz und wartete, bis sich Grobi zu meiner rechten in einen der Sessel niedergelassen hatte. Genau dort wollte ich ihn haben. Jetzt hatte ich das Fenster im Rücken und er saß dort wie ein Bittsteller.

„Es könnte also schon lange vor der Party oder lange danach oder zu jeder Zeit und jedem Umstand verloren gegangen oder geklaut worden sein. Dass wir, Myriam und ich, unter Umständen dafür verantwortlich sind, mag sein – aber für sie als Dealer ist das eben eine Art Berufsrisiko."

„Berufsrisiko?" fragte Grobi erstaunt.

„Ja. Berufsrisiko. Wir reden hier nicht von nem Onlinehandel für anstößige Gartenzwerge. Sie dealen mit Drogen. Da können tausend Dinge schieflaufen, und für die meisten davon landen sie im Knast. Letztes Wochenende ist eines davon schief gelaufen und jetzt müssen sie, der Dealer, damit klarkommen. Dass ihnen die Summe selbst nicht ernsthaft schadet, sehe sie schon daran, dass sie uns Verträge mit fünf Jahren Laufzeit andrehen wollen. Wenn sie das Geld nicht zurückbekommen, wird es vielleicht etwas dauern, bis ihre kleine Operation hier wieder schwarze Zahlen schreibt. Aber das ist mir ehrlich gesagt egal." Jetzt hatte ich Grobis volle Aufmerksamkeit und ich merkte, dass er plötzlich äußerst angespannt wirkte.

„Und was heißt das jetzt?", fragte er ungeduldig.

„Dass Myriam und ich weder Drogen noch Bargeld beschaffen werden. Und diesen Kredithai-Vertrag werden wir auch nicht unterschreiben."

Grobi blickte mich eine Weile forschend an, um herauszufinden, ob ich ernst meinte, was ich da gerade gesagt hatte. Als er die Gewissheit erlangt hatte, dass dem wohl so war, seufzte er kurz, stand auf und ging langsam hinüber zu seinem Schreibtisch. Ich grinste innerlich. Ich glaube, ich hatte ihn geschlagen. Und so schwer war das jetzt gar nicht gewesen.

„Sie weigern sich also, zu bezahlen?", fragte er schließlich, obwohl sein Tonfall eher resigniert als kraftvoll klang.

„So sieht es aus", antwortete ich selbstbewusst. „Warum sollten wir auch? Weil sie uns wirklich zwei russische Schläger auf den Hals schicken, die dann Geld aus uns herausprügeln sollen, dass wir gar nicht haben?" Ich gebe zu, diesen Satz hatte ich geklaut. Aber er gefiel mir einfach so gut. „Ich glaube nicht, dass sie das tun würden. Sie wissen nämlich, dass es durchaus so etwas wie schlechte PR gibt, und das Risiko, dass wir nach so einem Anschlag eine Menge Hebel in Bewegung setzen könnten, die schlechte PR bedeuten, ist ihnen einfach zu hoch. Von daher, was soll meine Motivation sein, ihnen jetzt die nächsten Jahre meines Lebens zu überschreiben?" So selbstbewusst und siegesgewiss wie ich gesprochen hatte, schaute ich jetzt zu Grobi hoch. Doch seine Miene irritierte mich – er hatte jegliche Resignation abgelegt und schaute wieder überlegen zu mir hinüber.

„Wie gut, dass sie gerade von sich aus ‚ihre Motivation' angesprochen haben. Das schafft mir den perfekten Übergang" begann er, während er sich in den Schreibtischstuhl fallen ließ und anschließend seine Brille zurechtrückte. „In vielen Autoren- und Drehbuchschulen heißt es, dass eine Figur immer eine persönliche Motivation braucht, damit sie für den Leser oder Zuschauer glaubhaft dazu gebracht werden kann, etwas zu tun, das sie eigentlich nicht tun will. Der mutige Sprung über die Klippe, das Aufbegehren zum Anführer der Revolution, das Besiegen der eigenen Ängste um am Schluss mit der wahren Liebe glücklich bis ans Ende aller Tage zu leben. Und sie, Marius, fragen sich jetzt: Was ist meine persönliche Motivation, diesem Besenstiel im Anzug auch nur eine Sekunde länger zuzuhören?"

„So könnte man es ausdrücken", antwortete ich wahrheitsgemäß.

„Nun, ich muss sagen, bis vor ein paar Stunden hätte ich darauf noch keine Antwort gehabt – und sie vermutlich einfach ziehen lassen." Der Satz an sich gefiel mir, aber ich hatte das unheilvolle Gefühl, dass dem ganzen noch ein „aber" folgen würde.

„Aber diese Situation änderte sich, nachdem ich bemerkte, dass mir der Kollege Zufall einen kleinen Dienst erwiesen hatte." Da war es, das gefürchtete „aber". Und es klang nach einem sehr unangenehmen. Ich konnte nichts weiter tun als zuhören.

„Bei wem war diese besagte Party am Samstagabend nochmal, auf der Myriam und sie gewesen sind?", fragte Grobi unschuldig.

„Bei meiner Freundin Sandra."

„Nun, dann gehe ich davon aus, dass es sich dabei um jene Sandra handelt, mit der sie seit Schulzeiten befreundet sind?"

„Äh... ja. Stimmt", gab ich irritiert zurück. Irgendetwas lief hier gerade grandios schief.

„Und diese Sandra ist selbstständige Fotografin und Social-Media-Consultant?"

„Ja, soweit ich weiß", antwortete ich kleinlaut. Ich hatte eine Ahnung, in welche Richtung das gehen könnte, aber keine der Vorstellungen, die sich mein Gehirn in der Hitze des Moments auszumahlen vermochte, gefiel mir auch nur ansatzweise.

„Nun, wissen sie, Marius, die Welt ist doch verrückt. Wie leben in einer Stadt mit rund dreieinhalb Millionen Einwohnern, und irgendwie passiert es, dass wir alle zur gleichen Zeit miteinander in Kontakt treten." Mein Bauchgefühl wurde noch schlechter.

Grobi hatte sich zurück gelehnt und eine aufgeschlagene Mappe in beiden Händen.

„Wussten Sie, dass Ihre Freundin Sandra sich vor kurzem bei uns beworben hat?", begann Grobi süffisant. Meine irritierte Miene war vermutlich Antwort genug, aber ich konnte nicht umhin, sie noch mit einem gestotterten „äh... nein" zu untermalen.

„Sie hat mir von einem Großauftrag erzählt, um den sie sich bemüht, aber niemals den Namen ihrer Agentur erwähnt", versuchte ich schließlich meine Fassung zurück zu gewinnen.

„Nun, das kommt sicher daher, dass sie sich nicht genau bei meiner Agentur, sondern einem Subunternehmen von uns beworben hat." Grobis Grinsen hätte selbst der *Joker* in *Batman* an Boshaftigkeit nicht übertreffen können. „Dieses Unternehmen betreut ausschließlich die Social-Media-Sparte einiger Großkunden. Und ohne dass ihr Fräulein Sandra das weiß, sitze ich dem Auswahlgremium vor, dass die Aufträge an die Designer und Consultants vergibt. Sie hat Präsentationen für drei verschiedene Ausschreibungen eingereicht und sich eine Menge Arbeit damit gemacht. Immerhin geht es hier auch um echte Global-Player. Das ist für eine One-Woman-Show wie ihre eine ganz besonders große Nummer." Grobi legte die Mappe wieder auf den Tisch und nahm sich stattdessen sein Whiskeyglas. Ich verbannte jeden anderen Gedanken aus meinem Kopf und betete nur, dass er schnell weiter sprach.

„Sandras Entwürfe sind großartig. Sie hat an jedes Detail gedacht und eine langfristige Strategie eingereicht, die weit über die ihrer Konkurrenz hinausgeht. Auch wenn sie hier und da für meinen Geschmack etwas zu radikal ist, sie hat Talent und Energie. Kurzum, nachdem mir ihre Ideen vorgeführt wurden, wollte ich sie in die letzte Auswahl aufnehmen und mit ihr ein Treffen inklusive aller Entscheidungsträger planen, damit sie ihre Ideen persönlich vorstellen kann. Ich war recht zuversichtlich, dass wir die Richtige gefunden hatten. Sie ahnen sicher schon, wo drauf das hinausläuft?"

Natürlich ahnte ich das. Ich wusste es sogar. „Und sie drohen jetzt, dass sie Sandra den Job nicht geben, wenn ich nicht mache, was sie sagen?", fragte ich flapsig zurück.

„Ach, drohen ist so ein böses Wort. Aber wissen sie, auch die Werbelandschaft ist kein Ponyhof. Das Geschäft ist schnelllebig und es kann viel schiefgehen, selbst wenn man Talent hat und gut drauf ist – ohne die jeweiligen Kontakte und das kleine Quäntchen Glück ist schnell das Ende der Fahnenstange erreicht."

Ich hatte es doch nicht gewusst. Er drohte nicht nur damit, Sandra die

Ausschreibung nicht zu geben – er wollte ihr ein erfolgreiches Arbeiten in der Branche, oder zumindest in Berlin, auch auf längere Zeit unmöglich machen. Konnte er das? Hatte er dazu die Mittel?

Aber selbst wenn das nur eine Übertreibung gewesen war – schon der Verlust dieses Großauftrages würde Sandra schwer treffen. Wenn er dann nur noch ein, zwei Mal dafür sorgte, dass sie scheiterte, würde das vermutlich schon ausreichen, um sie endgültig zu frustrieren und aus dem Rennen zu werfen. Ich hatte Grobi noch einmal unterschätzt. Ich dachte zu diesem Zeitpunkt, dass ich diesen Fehler sicher nicht wieder begehen würde – leider irrte ich mich damit gewaltig.

Er hatte seine Hausaufgaben hervorragend gemacht und irgendwie erraten, dass ich eine enge Bindung zu Sandra hatte. Wobei man das natürlich schnell auf unseren Facebook Seiten herausfinden konnte - Schöne Neue Welt. Und dann hatte ihm einer dieser unvorhergesehenen Zufälle in die Karten gespielt, die man im Film oder im Buch dem Autor nicht glauben würde – in der Realität passieren sie jedoch hin und wieder tatsächlich.

„Also, ich nehme an, wir haben immer noch einen Deal?" fragte Grobi schließlich sanft, um mich wieder in die Wirklichkeit zu holen.

Ich nickte frustriert.

„Sehr gut. Wir sehen uns am Donnerstagabend und wickeln das Ganze ab. Und ich bringe das hier inzwischen Mal auf den Tisch des Auswahlgremiums zurück." Damit deutete er auf die vor ihm liegende Präsentationsmappe, die eindeutig Sandras Handschrift trug.

Ich atmete tief ein, nahm Hut und Mantel und verabschiedete mich. Auf dem Weg aus dem Gebäude heraus zog ich meinen Hut tiefer ins Gesicht und ging schnellen Schrittes auf die andere Straßenseite. Es hatte angefangen zu regnen und kombiniert mit dem kalten Nachtwind ergab das eine äußerst unangenehme Mischung. Ich spürte förmlich, wie mich Grobi beim Laufen durch die kalte Regennacht aus seinem Büro beobachtete. Sein breites, fratzenhaftes Grinsen grub sich mir förmlich in den Nacken. An der Hausecke zur Friedrichstraße angekommen, hielt ich es dann nicht mehr aus und drehte mich um.

Ich sah niemanden am Fenster. Oder niemanden mehr.

21.

Während mich die U-Bahn durch den Berliner Untergrund ruckelte, dachte ich über das ganze Ausmaß der Misere nach, die mich da gerade ereilt hatte. Nicht nur, dass ich Sandra diesen Job versauen könnte – das ganze hatte einen noch viel tiefer liegenden Effekt: Ich hatte sie – mal wieder – in eines meiner selbstgeschaffenen Probleme einbezogen. Ohne, dass sie etwas dafür konnte und allein durch den Umstand begründet, dass sie eine gute Freundin von mir war, stand sie jetzt kurz davor, einen wichtigen Auftrag zu verlieren oder sich gar bald arbeitslos melden zu müssen. Und es waren genau diese Art Probleme, die ich wie ein Magnet anzuziehen schien und die sie im Endeffekt dazu veranlasst hatten, mich zu verlassen... beziehungsweise unserer Beziehung nie eine Chance zu geben. Sie hatte wohl Recht gehabt: Eine kurze Zeit lang schien alles zu gut zu laufen und dann musste ich uns wieder ins Unheil stürzten. Und zwar uns beide.

Es bestand nun kein Zweifel mehr: Ich musste das Problem mit Grobi irgendwie lösen, und zwar zu seinen Konditionen. Ob es mir gefiel oder nicht. Sandra müsste ich ab sofort aus der Sache raushalten. Oder am besten gleich komplett von mir fern.

Zu Hause angekommen entschied ich mich, schnell ins Bett zu gehen und diesen Tag hinter mir zu lassen. Vielleicht würden mir ja morgen, wenn ich wieder etwas klarer denken konnte, ein paar neue Einfälle kommen. Heute Abend war ich eh nur noch frustriert. Ich dachte darüber nach, ob ich mir noch einen kräftigen Joint rollen sollte, damit ich besser und ruhiger schlafen konnte. Ich entschied mich jedoch dagegen. Jetzt wäre genau der falsche Zeitpunkt, sich der Sache mit kiffen zu entziehen. Ich musste morgen fit sein, nicht nur ausgeschlafen sondern insbesondere durfte ich nicht von einem Drogendusel vernebelt sein. Und selbst wenn ich jetzt noch eine Weile wach lang, vielleicht würden mir ja noch ein paar gute Ideen kommen.

Kurz bevor ich ins Bett ging, schaute ich nochmal auf mein Handy. Sandra hatte geschrieben – schon drei Mal. Sie wollte wissen wie das Gespräch mit Grobi gelaufen ist. Ich brachte es nicht über mich, ihr zurück zu schreiben. Ich hätte auch gar nicht gewusst, was ich hätte schreiben sollen. Ich würde mich morgen bei ihr melden.

Oder vielleicht auch erst, wenn die ganze Sache vorüber war.

22.

Dass dies wiederum noch ein wenig dauern konnte, wurde mir am nächsten Morgen bewusst.

Anstatt entspannt irgendwann zwischen neun und zehn Uhr von selbst aufzuwachen und mich irgendwann eine halbe Stunde später in Richtung Kaffeemaschine aufzumachen, wurde ich um Punkt 0800 (*gesprochen Null-Achthundert; Anm.d.Erz. – also mir, Marius*) von einem ungeduldigen Türklingeln geweckt. Zunächst versuchte ich es einfach zu ignorieren, aber der Finger an der Klingelanlage war ziemlich... wie sagt man in den USA? „*Trigger happy*". Und noch dazu sehr ausdauernd. Irgendwann entschloss ich mich entgegen meines Bauchgefühls, doch an die Gegensprechanlage zu watscheln. Damit konnte ich zumindest irgendwelche Reporter oder Schlimmeres abweisen.

„Ja", kroch es mir müde aus der Kehle.

„Tachchen, Kripo Berlin. Herr Marius Westerbrink?"

„Ja. Wer ist da bitte?"

„Die Kriminalpolizei. Wir müssten mit ihnen sprechen. Könn'se bitte öffnen?"

Verdammt, die Kriminalpolizei konnte ich nicht so einfach wegschicken. Ich hätte doch im Bett bleiben sollen.

Ich drücke den Türöffner und hörte, wie unten die Eingangstür zum Treppenhaus aufschwang.

Plötzlich war ich doppelt froh, gestern Abend keinen Joint mehr geraucht zu haben.

„Morgen! Die Berliner Kriminalpolizei. Mein Name ist Kommissar Siepert, das ist mein Kollege Kommissar Gruber. Könn' wa reinkommen?" Vor mir standen zwei in zivil gekleidete Männer Anfang vierzig und hielten mir ihre Dienstausweise und Kriminalpolizei-Marken entgegen.

Der, der gesprochen hatte, Kommissar Siepert, war etwa eins achtzig groß, hatte ein kantiges Gesicht und kurze Haare, die einen gelockten FoKuHiLa andeuteten. Er trug einen goldenen Stecker im Ohr und eine lederne Muschelkette um den ziemlich breiten Hals, der wie der Rest seines Körpers dafür sprach, dass Kommissar Siepert seine Abendserien gerne von einer Hantelbank aus ansah. Sein Kollege, Kriminalkommissar Gruber, sah ein Stückchen jünger aus und war im Gegensatz zu seinem Partner eher dünn bis schlaksig gebaut. Er trug ein Basecap vom Berlin Marathon, einen gefütterten Parker und einen Schal. Der Mann schien schnell zu frieren. Ich bat die beiden Polizisten herein und fragte direkt, ob sie auch einen Kaffee wollten. Was immer sie für Neuigkeiten brächten – ich wollte sie nicht vor meinem ersten Kaffee hören. Nachdem ich die Beamten, und noch viel wichtiger mich, mit ausreichend starker Brühe ausgestattet hatte, setzten wir uns auf die Couch. Sie wirkten beide recht entspannt – und somit entspannte ich mich auch. Erstmal.

„Vielen Dank für den Kaffee. Wir sind Beamte der Drogenfahndung und nu hier, weil sie uns als Zeuge jenannt wurden", begann Kommissar Siepert seine Erklärung. „Wir ermitteln in einer Straftat und haben eine Aussage vorliegen, die sie als weiteren Zeugen benennt."

Ich war wieder angespannt. Worum ging's denn hier?

„Worum geht's denn hier?", fragte ich sichtlich irritiert.

„Komm' wa gleich zu. Lassen se mich ma die Fragen stellen, dann jeht's schneller."

Ich war still.

„Kennen sie eine Frau Myriam Geißler?"

„Äh, Myriam. Ja?" Ich spürte, wie mich Kommissar Gruber inzwischen mit seinen Blicken durchbohrte. Jede Regung, jedes unauffällige aber verräterische Zeichen in meinem Gesicht würde ihm auffallen. Es fühlte sich an, als wäre ich tatsächlich an einen Lügendetektor angeschlossen.

„Die ist ihnen bekannt. Die Frau Geißler", wiederholte Siepert langsam.

„Nicht als Frau Geißler. Eher als Myriam. Wir sind befreundet", bestätigte ich.

„Verstehe. Könn'se mir bitte sagen, wo sie in der Nacht von Samstag auf Sonntag letztes Wochenende waren? War'n se in der

Stadt, war'n se zu Hause? War'n se unterwegs?" Wow – das fühlte sich jetzt aber schon wie ein echtes Verhör an.

„Wieso wollen sie das wissen? Bin ich irgendwie verdächtigt? Und wenn ja, müssen sie mir ja wohl sagen, warum, oder?"

„Nee, es geht nicht um sie, keene Sorge. Aber wie jesacht, sie wurden uns im Zuge der Ermittlungen als Zeuge benannt. Und deshalb sind wa hier um sie zu befragen. Je besser sie uns helfen, desto schneller sind wa wieder weg. Okee?"

„Okay. Also letztes Wochenende?", gab ich auf. Es wirkte tatsächlich so, als wären sie gar nicht an mir persönlich interessiert. Ich musste nur aufpassen, was ich erzählte.

„Ich war abends auf einer Einweihungsfeier. Von ner Freundin von mir. Sandra. Dann bin ich irgendwann nach Hause. Ziemlich spät erst."

„Jut. War die Frau Geißler ooch mit ihnen uff der Party?"

„Ja. Wie gesagt, wir sind befreundet." Mir wurde warm. Gruber durchleuchtete mich immer noch mit seinem Lügen-Röntgen-Blick. Aber bisher hatte ich ja noch nicht lügen müssen.

„Frau Geißler, Myriam, hat unsjegenüber ausgesagt, dass sie den ganzen Abend mit ihnen zusammen war – und auch noch den janzen Sonntach. Sie hat sie als Zeugen anjegeben. Daraus schließen wir, dass sie ein Pärchen sind?"

Ich überlegte kurz.

„Ja, ja, nein. Ja, wir war`n die janze Nacht zusammen, ja, wir war`n ooch am Sonntach zusammen, aber nee, meene Freundin is` sie nicht", antwortete ich süffisant und mit aufgesetztem Berliner Dialekt, den ich ohne es zu merken von meinem Gegenüber abgenommen hatte.

„Aha" gab Siepert ruhig zurück. „Waren se die janze Zeit zusammen? Auch den janzen Sonntach?"

Da war sie... die Lüge, die sich anbahnte.

„Ja. Um genau zu sein war sie meine letzte Rettung auf einer ziemlich lahmen Party. Wir haben die ganze Zeit zusammen gehangen und über die anderen Leute gelästert. Später sind wir noch ins *Berghain*, da hat sie auch mal alleine getanzt. Aber wir haben uns regelmäßig gesehen. Und sind dann zusammen zu mir. Wir haben erst mal den halben Sonntag gepennt, haben dann noch was gegessen und irgendwann abends hab ich sie nach Haus gebracht." Wenn Lügen, dachte ich mir, dann richtig. Erzähl ihnen die ganze Geschichte, baue sogar das Eingeständnis ein, dass sie auch mal kurz weg gewesen sein konnte, und dann setze die kleine Lüge als Kirsche oben auf die Torte der Wahrheit: Myriam war am Sontag schon am frühen

Mittag gegangen. Was sie danach gemacht hatte, bis wir uns abends bei Grobi wieder trafen, wusste ich nicht.

„Hm, okee. Und wissen se unjefähr wann dit war, als sie Frau Geißler an dem Sonntagabend verabschiedeten?"

„Das war etwa gegen 19:30 Uhr" erzählte ich wahrheitsgemäß. „Wir hatten uns noch mit einem gemeinsamen Freund getroffen und danach ging jeder seiner Wege."

Siepert nickte. Auch der menschliche Lügendetektor schien das Interesse zu verlieren. Ich hatte meine kleine Lüge anscheinend verkauft.

„In Ordnung. Wann ham'se zuletzt mit Myriam Geißler gesprochen?"

„Ähm, gestern. Wir haben nicht gesprochen, uns aber Nachrichten hin und her geschrieben. Wieso? Ist alles in Ordnung mit ihr?"

„Nee, nee, ihr jeht's jut", beruhigte mich Siepert. „Aber wir haben eene Aussage von ihr in Bezug auf 'n Strafdelikt und müssen dieser Aussage natürlich nachjehen. Dit vastehen se hoffentlich, oder?" Der Kommissar faszinierte mich. Ein echtes Berliner Original.

„Ja, kein Problem. Solange es ihr gut geht."

„Nee, nee, allet jut", wiederholte Siepert während er sich erhob. „Wie jesacht, sie wurden uns als Zeuge genannt und es kann sein, dass wir zu einem späteren Zeitpunkt noch ma uff sie zurückkommen müssen. Es kann ooch sein, dass sie in nächster Zeit eine Vorladung von der Polizei, dem Staatsanwalt oder dem Gericht zujestellt bekommen. Ick bitte sie, dieser Vorladung Folge zu leisten, sonst komm' wa nämlich wieder."

Während seines Informationsvortrags waren die beiden Beamten in Richtung Tür aufgebrochen, jedoch nicht ohne nochmal einen umfassenden Blick durch meine Wohnung schweifen zu lassen. Ich war inzwischen mehr als froh, am Abend zuvor nicht gekifft zu haben.

„Hier ham se noch meine Karte, falls sie uns kontaktieren möchten. Schönen Tach noch", verabschiedete sich Siepert und kurz darauf schloss ich die Tür hinter den beiden Kripo-Beamten. Was zum Teufel ging hier vor sich? Myriam hatte mich in einer Aussage als Zeugen benannt. Das bedeutet, die Polizei muss sie kürzlich wegen irgendetwas befragt haben. Aber weswegen?

Dass Myriam befragt worden war, und mich quasi als „Alibi" angegeben hatte, war mir schon klar gewesen, nachdem der Kommissar mich erst nach ihr und dann nach meinen Aktivitäten von Samstagnacht gefragt hatte, kombiniert mit seiner Aussage, dass ich als Zeuge genannt worden war.

Ich hatte sofort geschaltet, dass Myriam eine übereinstimmende Aussage brauchte, und da wir tatsächlich nur am Sonntagnachmittag getrennt gewesen waren, wusste ich, dass es um diesen Abschnitt des Wochenendes gehen musste. Nur, was hatte sie da angestellt, dass die Polizei auf sie aufmerksam wurde?

23.

Dass ich der Kripo gegenüber eine Falschaussage gemacht hatte, löste in mir zwar keine unmittelbare Panik aus, aber wohl war mir dabei ganz und gar nicht. Wenn mir das auf die Füße fallen sollte, könnte es durchaus unangenehm werden. Für diesen Fall sollte ich zumindest wissen, warum ich das getan hatte. Weshalb hatte die Drogenfahndnung Myriam befragt und was hatte sie an dem Sonntag gemacht, bevor wir uns mit Grobi getroffen hatten?

Vielleicht war das die nächste Spur, der ich nachgehen sollte. Nachdem ich begriffen hatte, dass es augenscheinlich keinen besonderen Punkt in der Zeitlinie unserer Partynacht gab, an dem wir die Drogen hätten verkaufen oder auch nur loswerden können, ich das Auto mit meinem eigenen Geld gekauft und Myriam jetzt auch noch von der Drogenfahndung vernommen worden war, kam mir doch so einiges komisch vor. Bull hatte doch erzählt, dass Myriam Probleme hatte. Ich musste wohl mal ein ernstes Wörtchen mit ihr reden.

Ich schrieb Myriam eine SMS, dass sie mich bitte anrufen solle, sobald sie wach ist. Dabei vergaß ich natürlich, dass sie ganz normal zur Arbeit ging und morgens um 09:30 Uhr mit Sicherheit schon wach war. Es sei denn natürlich, sie war abgetaucht.

War sie nicht. Kurz darauf klingelte mein Telefon. Ich sagte ihr nicht, worum es ging, aber dass wir uns so schnell wie möglich sehen müssten – Hier liefe irgendwie gerade 'ne Menge schief, und wir müssten uns besprechen. Sie antwortete, dass sie den Tag arbeiten müsse, aber am späten Nachmittag Zeit hätte. Außerdem erzählte sie mir, dass Bull auch wieder in der Stadt wäre und sicherlich dazu kommen wollte. Sie hatte ihm von der Drogengeschichte erzählt – jedoch nicht von ihrem Seitensprung.

Na großartig, dachte ich. Jetzt mischt der auch noch mit. Ich fragte mich, ob Bull schon wusste, was die Polizei von Myriam gewollt hatte, sagte aber weiter nichts dazu. Wir verabredeten uns um 17:00 Uhr bei Bull in der Wohnung. Die Zeit lief uns davon und einer Lösung kamen wir trotzdem kein Stück näher.

Später, als ich mir gerade Müsli gemacht und Nachrichten auf meinem Ipad gelesen hatte, bemerkte ich wie mein Handy vibrierte: Sandra. Erst versuchte sie mich anzurufen, sprach auf meine Mailbox und schickte noch eine SMS hinterher die mit drei „???" endete. Solche Nachrichten sind niemals gut.

Ich legte mein Handy beiseite. Ich konnte jetzt einfach nicht mit ihr sprechen. Ich wusste, sie würde so lange nachbohren, bis sie mich entweder beim Lügen erwischen oder ich ihr die Wahrheit sagen würde. Das eine wollte ich nicht riskieren und die Wahrheit konnte ich ihr erst sagen, wenn die Sache vorüber war. Sie wäre sonst direkt ausgerastet – und das zu Recht.

Und nicht zum ersten Mal.

24. FLASHBACK – „The Fuck Up"

„Du bist so ein Arschloch! Echt!" Sandras geschriene Beschimpfung traf mich wie der erneute Einschlag einer Abrissbirne, die gerade in hoher Kadenz versuchte, meine Beziehung einzureißen. Und dummerweise hatte ich das Ding überhaupt erst in Gang gesetzt.

„Als wir vorhin bei deinen Eltern gegangen sind, hatte ich echt n gutes Gefühl. Ich dachte so: ,Cool, das war n echt schöner

Abend, davon hatten wir viele in letzter Zeit. Vielleicht läuft jetzt mal alles rund.' Aber nein! Ich hab mich zu früh gefreut!"

Sandra und ich waren an diesem Abend von meinen Eltern zum Essen eingeladen worden. Das Treffen verlief wunderbar und danach im Auto sprachen Sandra und ich nach langer Zeit mal wieder über die Möglichkeit, unser Verhältnis vielleicht doch endlich mal in eine richtige Beziehung zu verwandeln. Meiner Ansicht nach sprach eine Menge dafür und wenig dagegen. Was sollte also schiefgehen?

„Dabei hätte ich echt schon ahnen können, dass mir wieder die nächste Scheiße ins Haus steht! Und diesmal nicht wegen Geld oder Partys oder sonst irgend ner Scheiße – diesmal gleich ganz persönlich verletzend!"

Die Antwort auf meine Frage, was also hätte schiefgehen können, erhielt ich nur kurze Zeit später. Nachdem wir bei mir zu Hause angekommen waren, ging ich ins Bad, duschte und machte mich schon mal bettfertig. Sandra wollte noch kurz an den Rechner, der wie immer im Dauerbetrieb lief. Als ich aus dem Badezimmer kam, war die Hölle los.

Nachdem sie sich ein paar neue Posts in Fotoblogs angeschaut hatte, wollte sie noch kurz ihren Facebook Account checken. Als sie auf die Facebook Seite ging, war dummerweise noch mein eigener Account eingeloggt, was sie zunächst nicht bemerkte – oder nicht bemerken wollte. In jedem Fall war auf meiner Seite noch ein verräterisches Chat-Fenster offen, das ich nach Beendung des Chats nicht geschlossen hatte. Sandra hatte sich also zunächst gewundert, mit wem sie dort geschrieben hatte. Nachdem ihr dann aufgefallen war, dass sie mit dem falschen Account surfte, wollte sie das Fenster schließen – bis sie in dem Chat noch (durch Zufall?) ihren Namen las. Jetzt war endgültig ihre Neugier geweckt und sie las zumindest den letzten Teil des sehr langen Gesprächs. Und was soll ich sagen – was sie da gelesen hatte, hatte ihr überhaupt nicht gefallen.

„Weißt du, es ist wirklich nicht meine Art, jemandem nach zu spionieren. Und ehrlich gesagt tut mir das auch Leid – aber ich kann jetzt nichts mehr daran ändern, dass ich es mitbekommen habe, und dass ich es echt total scheiße von dir finde!“

„Aber mal ehrlich, Sandra, ich verstehe nicht, warum du so sauer bist! Ich meine, du bist doch diejenige die keine feste Beziehung wollte! Du hast dir doch immer ein Hintertürchen offen gelassen!“

„Ja! Aber doch nicht, weil ich außer dir noch mit so vielen anderen vögeln wollte. Du weißt ganz genau, dass ich keine Lust auf den ganzen Beziehungskram hatte! Darum gings doch!"

„Nein, du hattest nicht ‚keine Lust' darauf, du hast Angst davor. Du traust dir selbst nicht über den Weg und hast ne scheiß Angst davor, dass dir jemand zu nahe und auf die Schliche kommen könnte!"

„Und da glaubst du, es ist ne tolle Idee mit ner Ex von dir zu chatten und zu erzählen, dass du grad nicht vergeben bist und dein Single-Leben genießt? Glaubst du, dadurch hilfst du mir Vertrauen auf zu bauen?!"

Natürlich wusste ich, dass das keine gute Idee gewesen war. Auch wenn meine Lust und zum Teil auch mein Trotz immer gewonnen hatten: Mein Gewissen wusste stets eindeutig, dass ich zu weit gegangen war. Auch wenn ich tatsächlich nicht vorhatte, mit irgendwem irgendetwas anzufangen oder Sandra gar zu betrügen – mir war klar, das ihr diese Art Kontakt überhaupt nicht gefallen würde.

„Weißt du, ich verstehe, dass du sauer bist. Aber seit ewigen Zeiten geht das zwischen uns hin und her. Ich habe das Gefühl, ich knie hier in regelmäßigen Abständen vor dem Thron der Kaiserin und halte um ihre Hand an, nur um wieder vertröstet zu werden. Ich glaube, für dich ist total selbstverständlich, dass ich immer da sein werde und du das schon überhaupt nicht mehr wahrnimmst!"

Okay, damit hatte ich zumindest einen Punkt gelandet, wie ich an Sandras Reaktion ablesen konnte. Aber geschlagen gab sie sich deshalb noch lange nicht.

„Das gibt dir trotzdem nicht das Recht, mich so zu hintergehen!"

„Ich habe dich überhaupt nicht hintergangen", schoss ich zurück, „ erstens ist mit ihr gar nichts gelaufen und zweitens sind wir offiziell gar kein Paar. Nicht mal die Hälfte unserer Freunde wissen, dass wir überhaupt Zeit miteinander verbringen! Wie hätte ich dich denn so hintergehen sollen?!"

„Du kapierst es einfach nicht, oder?", gab sie stinksauer zurück, und ich spürte am Ausdruck ihrer Stimme, dass sie ein neues Wut-Hoch erreicht hatte. „Was muss denn passieren, damit ich erwarten kann, dass der einzige Mann in meinem Leben seinen Schwanz in der Hose behält? Muss ich erst n Ring am Finger tragen? Oder irgendein Papier unterschreiben?!"

„Nein!" schrie ich zurück, „aber es würde vielleicht helfen, einfach erst mal überhaupt darüber zu sprechen!"

„Das hätte ich gerne, aber ich wollte erst abwarten, bis ich mir sicher bin. Und bis vor kurzem war ich mir heute Abend sicher. Aber jetzt nicht mehr. Jetzt will ich nur weg hier!" In einer entschlossenen Geste griff sie ihre Jacke und ging Richtung Tür. Perplex und stinksauer stand ich in meinem Bademantel im Wohnzimmer und wusste im ersten Moment nicht, was ich sagen sollte. „Tja", rief ich aus der Not heraus hinterher, „vielleicht sollte man bei wichtigen Entscheidungen nicht zu lange warten, sonst ist die Chance verpasst!" Was natürlich rein gar nichts half. Im Gegenteil, ich bekam von Sandra nur ein wütendes Schnauben und das Knallen der Tür als Antwort.

Die nächsten Tage kommunizierten Sandra und ich gar nicht miteinander. Irgendwann später versuchte sich mich dann zu erreichen, aber ich reagierte nicht. Ich war inzwischen nicht mehr sauer, aber mir war die ganze Situation furchtbar peinlich. Ich wusste, dass ich mich nicht richtig verhalten hatte – und auch wenn ich das teilweise rechtfertigen konnte: Ich hätte den Streit nicht so eskalieren lassen dürfen.

Als ich dann soweit war, dass ich das begriffen hatte, rief Sandra mich nicht mehr zurück. Später erfuhr ich, dass sie gerade zu dieser Zeit Martin kennengelernt hatte. Kurz darauf feierte ich meinen Durchbruch mit dem Buch, und erst durch Sandras versöhnliche Gratulation nahmen wir vorsichtig wieder Kontakt auf.

Die verhängnisvolle Streitnacht, die ich in meiner Erinnerung nur den „*Fuck Up*", nenne, haben wir seitdem nie wieder angesprochen.

25.

Den Rest des Tages ließ ich mein Handy lautlos. Ich hatte keine Lust, von störenden Anrufern, eingehenden Emails oder Sandras Messages genervt zu werden. Ich wollte gar nicht wissen, dass sie mir schrieb oder versuchte mich anzurufen. Was sie tatsächlich beides mehrmals tat. Ich brachte es einfach immer noch nicht über mich, mit ihr zu sprechen. Selbst wenn ein Teil von mir schon wieder wusste, dass das ein Fehler war. Aber die Vorstellung, ihr alles zu erzählen und sie abermals zu enttäuschen, war einfach zu abschreckend, um sich jetzt damit auseinander zu setzen. Stattdessen versuchte ich nochmal, alle Puzzlestücke zu ordnen und mir einen Reim daraus zu machen. Für den Nachmittag war eine weitere Skype-Konferenz geplant und die Zeit davor nutzte ich als Vorbereitung für mein späteres Treffen mit Myriam und Bull.

Ich war mir inzwischen darüber im Klaren, dass irgendetwas an der Geschichte faul war – und dass Myriam vermutlich etwas damit zu tun hatte. Der Fakt, dass gerade die Drogenfahndung an dem Tag an Myriams Tür klopft, an dem sie kurz zuvor ein Päckchen Kokain im Wert von 40.000€ Euro verloren hat, konnte einfach kein Zufall sein. Das Zufallspotential hatten wir in dieser Story schon mit Grobis Druckmittel für seine Erpressung ausgeschöpft. Wenn der Polizeibesuch aber mit dem Paket in Zusammenhang stand, wie ist es dazu gekommen? Oder vielmehr: In was für eine Geschichte bin ich da hinein geschlittert?

Ich war mir ziemlich sicher, dass ich auf dem Schachbrett dieser Geschichte nur ein Bauer war, der von irgendwem verschoben wurde.

Ich wollte unbedingt wissen, wer der mysteriöse Spieler war.

26.

Im Gegensatz zu den vorhergegangenen war diese Skype-Konferenz überhaupt nicht ergebnislos verlaufen. Leider. Die Ergebnisse waren niederschmetternd.

Adams Besuch bei den Filmförderern war gelinde gesagt eine Katastrophe gewesen. Nicht nur, dass uns die Institutionen nicht weiterhelfen wollten oder konnten, sie ließen sich auch nicht nehmen, in aller Deutlichkeit zum Ausdruck zu bringen, wie unangenehm ein kurzfristig verschobener oder gar ganz abgesagter Dreh werden könnte. Anstatt also ein paar Sorgen los zu sein, kam Adam mit erhöhtem Druck aus den Besprechungen, den er natürlich brühwarm an uns alle weiter gab. Sowohl ihm als auch uns anderen gingen langsam die Notanker aus. Während ich schon von Anfang an keine Idee hatte, wie man die Sache schnell und einfach lösen konnte, waren jetzt auch Adam und Victor zunehmend stiller. Die Momente, in denen alle nur schweigend den Kopf schüttelten und die Leitung still blieb, häuften sich Zusehens.

Ich begriff allmählich, dass der Drehbeginn tatsächlich und nahezu unabwendbar in Gefahr stand. Und mit ihm der Erfolg des Films und dadurch auch mein Geld und mein noch kleiner Ruhm. Ich verließ das Gespräch mit einem entschlossenen Gefühl: Ich musste die Dinge jetzt endlich auf die Reihe kriegen. Ich musste die Sache mit Grobi hinter mir lassen, diesen scheiß Filmdreh retten und mich schließlich reinen Gewissens wieder um Sandra kümmern. Rumgesessen hatte ich genug. Egal was mir Myriam gleich erzählen würde, zusammenscheißen könnte ich sie später: Jetzt ging es um handfeste Lösungen, so bescheuert oder schwierig sie auch sein mussten.

Als ich schließlich bei Bull zu Hause ankam und klingelte, hatte ich immer noch keine Ahnung, wie ich all das wieder in den Griff kriegen sollte. Ich fasste erneut den Entschluss, es mit allen Mitteln zu versuchen.

27.

„... und daher frage ich mich, wann wir in dieser verdammten Nacht das Zeug verloren haben sollten. Ich konnte bisher fast alles rekonstruieren, aber keinen Vorfall, der irgendetwas mit dem Koks zu tun haben könnte."

„Naja," entgegnete mir Myriam, „aber wir könnten das Zeug jederzeit irgendwo zwischendurch verloren haben. Von ‚es ist mir aus der Tasche gefallen' bis ‚wir wurden abgezogen und erinnern uns nicht mehr' ist da so ziemlich alles drin."

„Ja, aber wenn das so ein zufälliges Ereignis war, an das wir uns nicht mehr erinnern, frage ich mich, wie die Drogenfahnder so schnell darauf gekommen sind?" Ich starrte in zwei entgeisterte Gesichter. Eines davon hatte noch zusätzlich diesen Ausdruck schuldiger Gewissheit, bei etwas ertappt worden zu sein.

Nachdem wir alle bei Bull eingetroffen waren, war ich ziemlich schnell zum Punkt gekommen. Ich hatte erzählt, was ich herausgefunden hatte und sagte ihnen auch, dass ich nicht glaubte irgendein besonderes Ereignis dieser Nacht übersehen zu haben. Und dann hatte ich die Fünfhundert-Tausend-Euro-Frage gestellt.

„Wie, Drogenfahndung?", fragte Bull ernsthaft irritiert.

Ich sah zu Myriam hinüber, deren Mimik vereist war, als hätte man sie in flüssigen Stickstoff getaucht.

„Ja. Heute früh standen zwei Drogenfahnder vor meiner Haustür. Mit Dienstausweis und allem. Sie haben mich befragt."

„Worüber?", hakte Bull nach.

„Über die Vorgänge der Samstagnacht. Ich war ihnen anscheinend als Zeuge genannt worden." Ich sah erneut zurück zu Myriam. In ihren Augen brannte die schwarze Fackel der üblen Erkenntnis.

„Von wem?", fragte Bull, immer noch aufgeregt.

„Von mir", brach es schließlich aus Myriam heraus. „Die Drogenfahnder waren am Montag bei mir gewesen."

Bull wandte sich ruckartig zu Myriam um und änderte dabei den Status seiner Mimik von „schockiert" zu „hochgradig schockiert".

„Aber wie sind die auf dich gekommen?", fragte er. Myriam schwieg. Ich versuchte mein Glück.

„Myriam, bitte sag mir, was hier los ist. Ich meine, Grobi ist eine Sache aber jetzt auch noch die Bullen am Hals zu haben, macht die Nummer richtig kritisch. Ich will zumindest wissen, was abgeht, wenn ich da schon mit drin stecke!" Sie sah mich mit einem traurigen Blick an, der mehr Finsternis enthielt als *Skeletor* je hätte hervorrufen können.

(Skeletor? Kennt den noch jemand? He-Man?)

„Was hast du ihnen erzählt?"

Ich lächelte so sanft ich konnte. „Ich hab ihnen gesagt, dass wir die ganze Samstagnacht und auch den Sonntag über zusammen waren. Ich hab deine Aussage bestätigt."

„Wie, ihr wart auch den ganzen Sonntag noch zusammen?" Ruckartig drehte sich Bull zu mir um. Mein Lächeln gefror. „Das habe ich denen gesagt. Es war aber nicht so, stimmts?" Ich schlug den Ball zurück in Myriams Feld.

„Nein", gab sie zu, „wir haben zwar zusammen gefeiert aber am Sonntag war jeder für sich."

„Und wieso hast du dann gelogen?" fragte ich im Tonfall eines Pastors.

„Weil ich was zu erledigen hatte. Etwas, das ich den Cops nicht sagen konnte."

„Und lass mich raten", begann ich den Vorhang zum Beichtstuhl zu schließen, „das hatte mit Drogen zu tun?"

148

Myriam nickte nur leicht.

„Mit ‚unseren' Drogen? Dem halben Kilo Koks?" Ich war ein ziemlich investigativer Pastor. Myriam nickte abermals. Ich seufzte. Bull schüttelte den Kopf.

„Jetzt erklär das mal!", fuhr er sie an. Aber Myriam sank nur ein Stück weiter in sich zusammen.

„Ich versuch's mal", sagte ich zu Bull, um ihn von dem betrügerischen Häufchen Elend neben sich abzulenken. „Ich denke sie, hat am Sonntagnachmittag irgendwem das Päckchen Koks ‚geliefert'. Verkauft oder verschenkt oder etwas zurückgezahlt oder so. Hinter diesen Deal muss irgendwie die Kripo gekommen sein. Darum standen sie gestern bei ihr vor der Tür. Vermutlich wurdest du am Tatort gesehen, oder, Myriam?"

Sie richtete sich langsam auf. „Nein", begann sie mit Tränen in den Augen, „ich wurde als Täterin beschuldigt. Die Bullen haben Sonntagnacht jemanden festgenommen, den ich kenne. Dem hatte ich vorher die Drogen gegeben, weil ich bei ihm Schulden hatte. Nachdem die Polizei ihn festgenommen hatte, haben sie die Drogen gefunden... und ihn gefragt, wo er die her hat. Und der Bastard hat sie direkt an mich verwiesen..."

„Und daraufhin sind sie zu dir...", fügte ich ein.

„Ja. Sind ziemlich resolut aufgetreten. Aber da ich mir noch nie was hab zu Schulden kommen lassen und ich ihnen ein super Alibi verschafft habe, sind sie wieder abgezogen. Ich hätte nicht gedacht, dass die dann so schnell bei dir auftauchen..."

„Nee, ne?", rief Bull aus, „da hätt man ja auch nicht drauf kommen können! Dass man, wenn man schon sone Scheiße erzählt, seinen Partner wenigstens einweiht! Ich glaub, ich spinne, ey!" Ich musste unvermittelt grinsen. Bull war lustig, wenn er sich aufregte.

„Damit ich das jetzt richtig verstehe", fasste ich erstaunlich ruhig zusammen, „Du hast mich also die ganze Zeit verarscht. Du hast das Päckchen irgendwann in der Nacht verschwinden lassen und dir gedacht: ‚ach, schieben wir Marius die Schuld in die Schuhe', oder wie?"

„Nein", verteidigte sich Myriam, „ich hab das Päckchen später gefunden. In meinem Auto. Ich hatte es nie mit auf die Party genommen. Aber da war der ganze Alarm schon losgetreten. Und wie gesagt, ich hatte Schulden – ich habe einfach ein großes Übel gegen ein Geringeres getauscht..."

„Wie bitte?!" Ich verstand langsam auch rein gar nichts mehr.

„Naja, ich wusste ja, dass ich Stress mit Grobi bekommen würde, wenn das Päckchen verloren ging. Aber ich dachte mir, dass wir den Stress auf jeden Fall besser in den Griff bekommen, als ich meine Schulden bei Felix."

„Felix? Wer ist Felix?!", riss es Bull aus seiner Versteinerung.

„Von ihm hatte ich mir vor einiger Zeit ne Menge Geld geliehen. Er führt hier in Berlin mehrere Clubs und ist nicht gerade ein netter Mensch. Aber er hat Kohle wie Heu. Und ich hatte schon mehrmals versprochen, ihm das Geld zurück zu zahlen."

„Wie viel hast du dir denn geliehen? Und wofür?", fragte ich wieder mit meiner pastoralen Stimme.

„Zehntausend. Für meine Mom. Sie brauchte ne Menge medizinischen Kram und alleine die Selbstbeteiligung bei der Versicherung hat so viel gekostet."

Daraufhin entstand eine Minute des Schweigens. Großartig. Jetzt hatte ich nicht mal mehr jemanden, auf den ich wirklich sauer sein konnte. Für die kranke Mutter. Ein bisschen dick mit dem Pathos-Pinsel aufgetragen. Der Herr im Himmel musste wieder im Dienst sein.

„Tut mir leid, Marius. Es war ne total spontane Entscheidung, und sie war dämlich, okay. Tut mir leid, dass ich dich mit reingezogen habe..."

Ich nickte nur kurz. Im Grunde war es auch egal. Das Kind war schon im Brunnen. Grobi hatte mich, oder viel schlimmer noch: Sandra, im Visier. Er würde sich nur zufrieden geben, wenn er bekam, was er wollte. Und das waren Geld oder seine Drogen. Ob die Rückzahlung von Myriam oder mir oder dem Erzengel Gabriel stammt, war ihm egal. Aber im Zweifel würde er uns auch beide ausquetschen, bis er es wieder hatte.

Wir brauchten also einen Plan, wie wir die Sache ohne genügend Geld, Drogen oder Zeit aber dafür möglichst endgültig abwickeln konnten.

28.

„Und warum können wir ihn nicht einfach anzeigen? Weil Sandra dann den Job nicht bekommt...?", fragte Bull.

„Ja, wobei ich denke, dass Grobi, wenn er erst mal wirklich mit der Polizei zu kämpfen hat, wohl wichtigeres zu tun findet, als Sandra zu vernichten. Ich denke schon, dass seine Drohung ernst ist, aber er wird deshalb nicht viel riskieren", erläuterte ich und fügte hinzu, „allerdings denke ich auch, dass wir eigentlich nichts gegen ihn in der Hand haben. Er ist ein respektabler Geschäftsmann, und ein kluger noch dazu. Er hat seine

Transaktionen sicher gut verschlüsselt, und vermutlich würde die Kripo ewig brauchen, um ihm überhaupt einen eindeutigen Tatverdacht anzuhängen."

Myriam nickte. „Ja, ich kann die Aussage, dass ich die Drogen von ihm hatte, nicht beweisen. Er hat sie mir ja nicht mal selber gegeben."

„Und sicher werden sie irgendwann ermitteln, wenn sie genug gegen ihn gesammelt haben, aber so viel Zeit haben wir nicht", stimmte ich ihr zu. Allerdings war mir da gerade eine Idee gekommen. Eine ziemlich wahnwitzige, aber im Endeffekt plausible Idee. Und mit den ganzen „normalen" Lösungsvorschlägen waren wir bisher nicht sehr weit gekommen.

Ich diskutierte meinen Einfall mit Bull und Myriam, die beide meinen Vorstellungen gegenüber ziemlich skeptisch waren. Erst mit der Zeit stiegen sie auf den Gedanken ein und am Ende besprachen wir stundenlang Einzelheiten.

Was wir an diesem Abend ausheckten, war nicht nur waghalsig, unvernünftig und absolut illegal. Es war auch hochgradig bescheuert. Uns war klar, dass diese Aktion entweder schnell und bündig funktionieren oder kolossal den Bach runter gehen würde.

Aber wir waren verzweifelt. Und ein bisschen zu sehr von uns selbst überzeugt.

29

Auch am nächsten Tag ließ ich mein Handy lautlos. Ich war viel zu aufgeregt, als dass ich mit jemandem hätte sprechen können. Sandra hatte es am Vormittag noch ein paar Mal versucht, aber dann vermutlich endgültig aufgegeben. Ich wusste, dass ich dafür später noch würde bluten müssen. Aber für den Moment verdrängte ich dieses Problem. Jetzt galt es erst mal, den Abend perfekt über die Bühne zu kriegen.

Ich telefonierte an diesem Tag insgesamt drei Mal: Einmal mit Bull, um zu besprechen, dass alles soweit geregelt ist. Einmal mit Grobi, um ihn zu informieren, dass wir eine Lösung gefunden haben und wir ein sofortiges Treffen einberufen möchten. Und einmal mit Victor, der mich den ganzen Tag genervt hatte und mit dem ich für Donnerstag eine Krisensitzung vereinbarte.

Victor bohrte so lange nach, bis ich ihm unseren Plan schließlich zumindest grob erzählte. Er war nicht besonders begeistert und in der Tat hielt er uns vermutlich für bekloppt – womit er im Nachhinein betrachtet auch völlig Recht hatte. Aber er wusste auch, dass wir nicht aufzuhalten waren und mangels einer besseren Lösungsidee blieb ihm nur, uns viel Glück zu wünschen. „Fortes fortuna adiuvat. Dem Mutigen hilft das Glück", waren seine letzten Worte, bevor wir auflegten. Möge er Recht damit haben, dachte ich finster. Auch wenn Victor selbst die Sache nicht gut hieß, ich war froh, dass noch jemand anderes von unserer anstehenden Unternehmung wusste.

Als es endlich Abend wurde, bereitete ich mich auf unser Treffen vor. Ich überlegte kurz, ob ich noch etwas Besonderes mitnehmen sollte, beließ es aber bei meinem Handy und dem Tabakensemble. Im Gegensatz zur amerikanischen Waffenlobby bin ich der Meinung, dass mehr Waffen nur mehr Ärger bedeuteten. Außerdem, dachte ich mir mit einem inneren Lächeln: Wer wollte sich schon mit den Bullen anlegen?

Ich hatte mich entschlossen, diese Gelegenheit für eine angemessene Jungfernfahrt meines neuen Gefährten zu nutzen. Die Location, die Myriam und ich uns ausgesucht hatten, war sowieso nur sinnvoll mit einem Auto zu erreichen. Da würde doch mein 65er Mustang ein wesentlich besseres Bild abliefern als Myriams alter, bunt bemalter Twingo.

Als ich mich das erste Mal hinter das Steuer setzte und den sonoren, blubbernden Sound des rund 400 PS starken V8-Motors hörte, musste ich sofort an einen alten Mustang-Werbespot aus den 60ern denken, den ich mal auf *YouTube* gefunden hatte:

Mit Western-Musik unterlegt sah man eine Herde wilder Pferde durch die Prärie galoppieren. Die Kamera fuhr ein Stück heraus und auf dem Highway daneben glitt ein weißer Mustang über die Straße. Ein Sprecher mit kerniger Stimme sagte dreimal hintereinander einfach das Wort *„Mustang!"* in verschiedenen Betonungen und endete den Spot schließlich mit dem Satz: *„He is everything, that his name implies: Bold, Strong... and hot-blodded."* Wenn ich nur die Hälfte der Eigenschaften meines Autos besaß, würde ich den Abend schon gut über die Bühne bringen. Wenn nicht, sollte ich Myriam vielleicht fragen, ob ich nicht ihren bunten Twingo mit den aufgemalten Wimpern haben könnte.

Ich holte Myriam ab. Sie stellte einen schwarzen Koffer, den sie zuvor von Bull bekommen hatte, auf die schmale Rückbank und wir machten uns auf den Weg nach Süden.

„Ich hätt's ja nicht gedacht", sagte sie mit gespielter Anerkennung in der Stimme, „aber der Wagen steht dir."

„Wieso?", fragte ich scherzhaft zurück, „altbacken, reparaturanfällig und immer ein bisschen ‚*too much*'?"

Sie musste grinsen und ich hatte mein Ziel erreicht. Wir waren beide angespannt wie zwei Tempelritter auf dem Weg zum

Inquisitionsverhör. Und genau wie in dieser Szene konnte unser Termin durchaus auch auf dem Scheiterhaufen enden.

Danach sprachen wir nicht mehr viel. Jeder schien seinen eigenen Gedanken nachzuhängen. Abwechselnd kontrollierten Myriam und ich zwanghaft, ob der schwarze Koffer noch auf der Rückbank lag – was er natürlich jedes Mal tat. Der graue Himmel über der Hauptstadt wurde schnell dunkel, während wir unserem Ziel näher kamen. Dem Schrottplatz.

30.

Das Tor zum Gelände stand offen und wir fuhren mit Kies-knirschenden Reifen zum vereinbarten Treffpunkt inmitten von Auto-Wracks und Kleinteilen. Willkommen in der ersten Staffel von *Breaking Bad:* Zwei Aushilfsganoven versuchen sich mit den Profis zu messen.

Myriam telefonierte noch einmal mit Bull, um unsere Ankunft zu melden und zu bestätigen, dass wir bereit waren. Er wünschte uns viel Glück und würde sich nun bereithalten. Ich versicherte mich noch mal, dass mein Handy lautlos geschaltet war. Ich wollte die ohnehin schon angespannte Situation später nicht durch ein Handyklingeln stören.

Dabei sah ich, dass Sandra mich vor einer halben Stunde erneut versucht hatte anzurufen. Vier Mal, inklusive Mailboxnachrichten. Das konnte nichts Gutes bedeuteten. Ich musste sie so schnell ich konnte zurückrufen. Aber erst, wenn die Sache hier gelaufen war.

Ich sah ein erstes Mal auf die Uhr. Jetzt hieß es also warten. Ich begann, mir eine Zigarette zu drehen. Und zu hoffen, dass die Aktion glatt gehen würde.

31.

Während ich auf dem dreckigen Boden des Schrottplatzes lag und mich ein sicherlich hundert Kilo schwerer SEK-Beamter als Picknickdecke missbrauchte, hatte ich kurz Zeit darüber nachzudenken, was an unserer „Operation" eben nicht glatt gegangen war. Grobi war erschienen. In einer schwarzen 7er BMW Limousine. Nicht so cool wie meine Karre, aber angemessen für einen Gangsterboss.

Die Atmosphäre war trotz der gruseligen Umgebung angenehmer gewesen als ich gedacht hatte, und bis zu einem speziellen Moment war auch alles wunderbar nach Plan verlaufen. Dem Moment, in dem Grobi hätte vor den Bullen flüchten müssen. Das wiederum hatte er aber zu unser aller Entsetzen nicht getan. Mit dem Ergebnis, dass ich nun meine Hände auf dem Rücken, Kies zwischen den Zähnen und ansonsten nicht die leiseste Ahnung hatte, was jetzt passieren würde.

Nach all dem Lärm des Zugriffs herrschte für kurze Zeit eine angespannte Stille. Ich hörte leise, gebrummte Unterhaltungen zwischen den Schwarzoveralls und wie vor mir der ebenfalls festgenommene Grobi aufgerichtet wurde.

„Schön ruhig bleiben und die Fresse halten", raunte mir der Polizist, der auf mir saß, zu. Wow, der Mann war gut... und sehr glaubhaft. Ich hörte wie Grobi anfing ruhig zu protestieren, die Türen des Mannschaftswagens erst geöffnet und dann wieder zu geworfen wurden und seine Stimme verschwand.

„So. Hoch mit dir", pfiff mir der SEK-Mann ins Ohr und hob mich mit einem Ruck auf die Füße. Ich schüttelte mir kurz den kleben gebliebenen Kies aus dem Gesicht und sah mich um. Myriam stand mit den Händen auf dem Rücken und von einem Schwarzoverall bewacht ein paar Meter hinter mir. Vier Beamte standen inzwischen entspannt neben dem Mannschaftsfahrzeug und von Grobi war keine Spur mehr zu sehen.

„So, und was machen wir nun mit Euch?", hörte ich eine tiefe Männerstimme neben mir sagen. Ich blickte zur Seite und sah in ein schwarz maskiertes Gesicht, dessen blaue Augen zu grinsen schienen.

„Uns gehen lassen?", brachte ich mit einem breiten, unsicheren Lächeln hervor. Mein Gegenüber nickte. Seine Augen schienen dabei noch mehr zu grinsen.

In diesem Moment hörten wir ein lautes Rufen aus dem Mannschaftswagen. Es war Grobi, der anscheinend auf sich aufmerksam machen wollte. Der maskierte Mann ging in Richtung des Autos und wies seine Kameraden an, Myriam und mich ebenfalls in die Richtung zu bugsieren. Die Wagentüren wurden geöffnet und darin befand sich ein ordentlich derangierter Grobi, dessen dreckiger Mantel und zerstörte Frisur ihm vermutlich zusätzliche Höllenqualen bereiteten. Entgegen meiner Erwartung war er jedoch erstaunlich cool.

„Meine Herren", flötete er in seinem besten Diplomatenton, „ich habe die Show sehr genossen. Aber ich fürchte, ich muss jetzt gehen."

Sein Publikum stand Grobi wie angewurzelt gegenüber. Keiner sagte einen Ton.

„Ich respektiere, wie viel Mühe sie sich gemacht haben und muss sagen, ich bin ehrlich beeindruckt. So etwas in so kurzer Zeit und nur für mich... Aber dennoch denke ich nicht, dass das Ganze noch amüsanter werden könnte und werde mich daher verabschieden."

Damit hopste er von der Bank des Transporters durch die offene Tür und stand mir und dem Maskenmann direkt gegenüber. Bevor sowohl er als auch ich irgendetwas erwidern konnten, bretterte ein weiteres Auto auf den Schrottplatz. Jetzt war ich völlig aus dem Konzept. Wer war das jetzt und was hatte das zu bedeuten? Die Antworten auf diese beiden Fragen kamen schnell, wütend und begleitet von plötzlich ausbrechender Panik.

Es war Sandras Auto, das mit einer staubigen Vollbremsung neben uns hielt. Es war Sandras lockiger Haarschopf, der in einer wilden, geradezu ungestümen Bewegung aus der Fahrertür herausgeworfen wurde. Und es war der energische, wutentbrannte Schritt ihrer schlanken, kurzen Beine, der sie direkt zu mir führte. Alle Schwarzoveralls, Myriam, Grobi und den Maskenmann ignorierend bahnte sie sich schnurstracks einen Weg auf mich zu und brüllte mich an. Was für eine Frau.

„Bist du völlig geisteskrank, sag mal?!", warf sie mir entgegen, so dass selbst der Maskierte neben mir einen halben Schritt zurückwich. „Sone Nummer hier abzuziehen? Du hast sie doch nicht mehr alle!"

„Und du", womit sie sich an meinen maskierten Bewacher wandte, „hast du ihn auf diese bescheuerte Idee gebracht? Mann, ich glaube ich spinne! Nimm die scheiß Maske ab."

Aus dem Augenwinkel sah ich wie Maskenmann kurz zögerte und dann langsam die Sturmhaube über den Kopf zog. Zum Vorschein kam: Bull. Grobi grinste.

„Also, meine Herren...", begann er jovial.

„Sie halten jetzt mal die Schnauze! Mit ihnen beschäftige ich mich später!", giftete Sandra Grobi so kraftvoll an, dass er augenblicklich verstummte und bis zur Stoßstange des Mannschaftswagens zurückwich. „Dass Myriam verzweifelt genug ist, um Euch Vollpfosten zuzuhören, kann ich mir vorstellen. Aber dass ihr beide selber nicht vielleicht mal auf die Idee kommt, dass die ganze Nummer total hirnrissig ist, verstehe ich einfach nicht!"

„Wie hast du denn...", setzte ich zu einer Frage an, die ich aber natürlich niemals ausformulieren konnte.

„Ich hab mit Victor telefoniert!", unterbrach mich Sandra. „Nachdem du dich tagelang nicht gemeldet hast, hab ich mir irgendwann angefangen Sorgen zu machen. Am Ende habe ich dann Victor angerufen und wollte wissen, ob der was von dir gehört hatte. Und der hat mir dann von eurem tollen Plan erzählt."

Verdammt. Vielleicht war die Idee, Victor alles zu erzählen, doch nicht so gut gewesen.

„Ihr wolltet tatsächlich den Dealer mit einem gefakten SEK-Einsatz deiner Glauklertruppe hier einschüchtern?"

„Stunt Crew", verbesserte Bull kleinlaut.

„Sag mal geht's noch?!", war Sandras einzige Reaktion darauf.

„Naja... wir dachten, wenn es funktioniert, sind wir ihn ein für alle Mal los", erklärte ich mit hängendem Kopf.

„Und, hat es funktioniert?!", fragte Sandra rhetorisch.

„Nicht wirklich", warf Grobi leise ein, legte aber sofort nach Sandras darauffolgendem Todesblick erneut ein Schweigegelöbnis ab.

„Natürlich hat's nicht funktioniert", fuhr Sandra ihre Belehrung fort, „das ist hier weder ein lausiger Actionfilm noch *Oceans Eleven*. Und du bist nicht *George Clooney* und du bist nicht *Brad Pitt*."

Bei *Brad Pitt* hatte sie auf mich gezeigt, und für einen kurzen Moment schrie mein Kopf: ‚Hey, wenn dann bin <u>ich</u> Clooney!' – aber ich schlug den kleinen Nerd da oben schnell mit dem Hammer der Vernunft nieder und hielt meinen Mund.

„Und jetzt macht die scheiß Handschellen auf und lasst uns die Sache regeln", beendete Sandra ihren Hagelsturm der gerechtfertigten Anschuldigungen. „Oder warte mal", hielt sie Bull auf, der gerade auf dem Weg war, Grobi von seinen Fesseln zu befreien, „lass die bei dem da noch `nen Moment dran. Ich muss mal Tacheles mit ihm reden."

Ich sah zu Grobi hinüber und schwöre, dass ich gesehen habe, wie er deutlich erkennbar schluckte.

32.

Sandra und Grobi waren etwa zwanzig Minuten in dem Mannschaftswagen verschwunden gewesen, bis sie darum gebeten hatte, dass jemand Grobi die Handschellen abnahm. Anstatt jedoch dann wieder hinaus zu treten, hatte sie die Tür einfach wieder geschlossen und das Gespräch unter vier Augen fortgesetzt.

Myriam, Bull und ich standen in der Kälte des Schrottplatzes herum, rauchten eine Zigarette nach der anderen und versuchten möglichst nicht über unsere gescheiterte Aktion oder deren Folgen zu reden – womit uns nicht viele interessante Gesprächsthemen übrig blieben. Im Grunde warteten wir also schweigend auf ein Verhandlungsergebnis. Obwohl mir überhaupt nicht gefiel, dass Sandra Wind von der Sache bekommen hatte und jetzt alleine mit Grobi in diesem Auto saß, wusste ich doch, dass sie jetzt vermutlich unsere einzige Hoffnung war, noch einigermaßen unverletzt aus der Nummer herauszukommen. Sandra war äußerst clever und gut darin, unter Druck schnell nachzudenken. Im Gegensatz zu mir stürmte sie niemals in eine Situation hinein, die sie vorher nicht so gut wie möglich durchdacht hatte. Diese Eigenschaft hatte sie mit Grobi gemeinsam, und ich hätte einiges dafür gegeben, jetzt in dem Auto Mäuschen spielen zu dürfen.

Es dauerte noch eine weitere halbe Stunde, bis sich die Hintertüren des Transporters schließlich öffneten und erst Sandra, dann Grobi hinaus traten. Sie verabschiedeten sich schnell mit einem Handschlag und ohne ein weiteres Wort war Grobi auch schon in sein Auto gestiegen und losgefahren. Kopfschüttelnd kam Sandra auf uns zu.

„Und? Was is' nu?", platze es aus Bull heraus, wobei uns diese Frage allen auf den Lippen lag.

„Nichts. Außer dass ich euch den Arsch gerettet habe. Kann ich mir ne Kippe drehen?" Sie stellte sich vor mich, stützte eine Hand in die Hüfte und streckte die andere Hand in meine Richtung. Sprachlos fingerte ich mein Tabakensemble aus der Jackentasche und gab es ihr.

Nachdem sich Sandra eine gedreht und sich von Bull hatte Feuer geben lassen, lehnte sie sich an den Mustang und sah mich an.

„Ich glaube ich könnte einen ganz guten Deal raushandeln. Wie der genau aussieht, erfahren wir alle morgen. Wir haben um 12 Uhr einen Termin mit Grobi in seiner Agentur."

„Okay", antwortete ich langsam, „aber ich habe morgen um zwölf auch die Krisensitzung für den Film. Dann muss ich die verschieben."

„Nee", meinte Sandra fast beiläufig, „die findet auch um zwölf Uhr da statt." In einem Comic hätten Bull, Myriam und ich jetzt mehrere große schwarze Fragezeichen in weißen Gedankenwolken über den Köpfen gehabt.

„Ich hab jetzt keinen Bock, euch das alles zu erklären. Seid einfach um zwölf Uhr morgen in der Agentur, okay? Ich muss jetzt nach Hause." Damit drehte sie sich um und ging in Richtung ihres Autos. Ich rief ihr noch ein verzweifeltes „Sandra!" hinterher, aber sie reagierte nur mit einer abwinkenden Handbewegung.

Großartig. Was für ein gelungener Abend.

33.

Obwohl ich versuchte, meine Aufregung im Zaum zu halten, tigerte ich doch wie eine eingesperrte Wildkatze in meiner Wohnung herum und konnte keine Ruhe finden. Kater Troy, der die ganze Situation zunächst interessiert verfolgt hatte, gelangte schließlich zu der Erkenntnis, dass dabei wohl doch kein extra Futter für ihn herausspringen würde und rollte sich auf der Couch ein. Ich wünschte in dem Moment, ich hätte ein wenig mehr von seiner Coolness oder besser noch wir würden gleich die Rollen tauschen.

In meinem sich unkontrolliert drehenden Gedankenkarussell wurden Bull, Myriam, Grobi, Sandra, Victor, der Filmdreh, die Drogen und das Auto immer wieder wie Wäsche im Schleudergang durcheinander geworfen. Ich konnte mir beim besten Willen keinen Reim darauf machen, was Sandra und Grobi gemeinsam ausgeheckt hatten. Ich wusste nicht, warum alle zusammen sich morgen an einen Tisch setzen sollten. Und vor allem hatte ich keine Ahnung, wie es zwischen Sandra und mir gerade stand. Ich rief sie an. Entgegen meiner Erwartung ging sie recht schnell an ihr Handy. Nachdem ich ihr einen kleinen, aufgeregten Vortrag voller „es tut mir leid" und „was ist jetzt Sache" ins Ohr gejammert hatte, antwortete sie mir ruhig und beinahe verständnisvoll.

„Hör zu Marius, es ist alles gut, okay? Ich denke, im Gegensatz zu deiner Idee wird meine funktionieren – und damit ist die Sache morgen gegessen."

„Okay. Ich glaub dir das. Aber wie genau sieht denn eure Lösung aus?"

Ich hörte, wie Sandra am anderen Ende der Leitung lächeln musste. „Lass dich überraschen. Es ist besser, wenn du es vorher noch nicht weißt, sonst unternimmst du nur wieder irgendeinen Unsinn um alles noch schwerer zu machen." Touché. Sie hatte mich mal wieder innerhalb eines einzigen Satzes beruhig, belehrt und kastriert.

„Aber eines wollte ich dich noch fragen. Grobi hat mir gesagt, dass ich dich selbst fragen soll, wie euer Gespräch am Montagabend gelaufen ist. Er meinte, es wäre besser, wenn ich es von dir erfahre. Also?"

Ich ließ eine kleine Pause entstehen. Es war Zeit, ihr die Wahrheit zu sagen. Ich erzählte ihr also davon, wie Grobi mich erpresst hatte. Wie ihre Präsentation auf seinem Tisch gelegen hatte und er drohte, sie aus dem Rennen zu werfen – jetzt und auch noch später. Ich entschuldigte mich bei ihr, weil ich ihr nichts gesagt hatte und erklärte, dass ich sie einfach aus dem ganzen Ärger heraushalten wollte. Auch wenn das jetzt im

Nachhinein betrachtet ziemlich idiotisch klag.

Sandra sagte eine ganz Weile gar nichts, aber ich spürte, dass sie nicht sauer war. Vermutlich war sie sich selbst nicht ganz sicher, was sie gerade empfand. Mir aber reichte fürs Erste, dass sie mich nicht sofort anbrüllte und auflegte. Das war immer hin ein Anfang.

Schließlich bat sie mich noch um die Nummer eines Freundes von mir: Christian. Sie sagte mir nicht, warum sie seinen Kontakt brauchte, aber ich konnte mir denken, dass es mit dem Treffen morgen Mittag zu tun haben müsste. Christian war ein guter Freund aus Studienzeiten. Er ist ein äußerst lebensfroher und charmanter Mann mit einem Sinn für einen etwas überkandidelten Lebensstil. Er hatte Jura mit Schwerpunkt Urheberrecht studiert und während unserer gemeinsamen Zeit an der Uni haben wir's so manches Mal übertrieben. Heute arbeitete er als freiberuflicher Contract Manager in der Medienbranche, nachdem er einige Jahre lang durch die Rechtsabteilungen verschiedener Filmverleiher gezogen war. Zumindest konnte er sich seinen exquisiten Geschmack jetzt leisten, ohne wie damals dann wochenlang auf Tütensuppen angewiesen zu sein. Christian war sozusagen mein höchstpersönlicher *Consigliere* und ich ließ ihn im

Grunde alle meine Verträge prüfen. Sandra würde sich vermutlich von ihm Rat einholen oder ihn direkt zum morgigen Termin mit dazu bestellen. Da Verschwiegenheit zu seiner Berufsehre gehörte, brauchte ich gar nicht zu versuchen, über ihn später an Informationen zu gelangen.

Ich gab Sandra seine Nummer und wir wünschten uns eine gute Nacht. Ich bezweifelte zwar, das mir so eine bevorstand, aber irgendwie würde ich die Zeit schon rumbringen.

Inzwischen konnte ich immerhin schon die Stunden bis zum Showdown zählen.

34.

Als ich am nächsten Tag die Treppen des U-Bahnhofs Kochstraße hinaufstapfte, tippte mir Christian von hinten auf die Schulter. Wie immer war er bester Laune, wohingegen ich am liebsten wieder meinen Fedora getragen hätte, um ihn mir tief in die Stirn ziehen zu können.

„Na das passt ja wiedermal perfekt. Schön, dich zu sehen, Mann." Christian strahlte mich mit seinem breitesten Gewinnerlächeln an. „Du bist bei weitem mein liebster und interessantester Klient. Bei keinem anderen habe ich so viel Spaß mit total abgefahrenen Fällen."

„Wie schön, dass ich dir so konstant Amüsement bereiten kann. Ich freue mich auch, dich zu sehen – würde mich aber wohler fühlen, wenn ich wüsste, was mich jetzt erwartet."

„Du hast also echt keine Ahnung?", machte er sich über mich lustig.

„Nee. Aus Sandra war nix rauszukriegen."

Christian nickte, klopfte mir auf die Schulter und wir gingen schnellen Schrittes über die mittägliche Kreuzung. Es war noch einmal kalt geworden in Berlin, vermutlich der letzte müde Angriffs des Winters bevor der aufkeimende Frühling ihn gänzlich besiegen würde.

Entweder ist Myriam eine außerordentlich pünktliche Person oder sie hatte damals wirklich gehörig Respekt vor der Sache mit Grobi gehabt. Auf jeden Fall wartete sie bereits wieder vor der Haustür als Christian und ich ankamen. Sie begrüßte mich angespannt und war kurzzeitig irritiert, nachdem ich ihr Christian vorgestellt hatte.

„Du hast Deinen Anwalt mitgebracht?", fragte sie während sie Christian musterte als wäre er ein seltenes Tier in einem Freigehege.

„Nicht ich, Sandra hat ihn herbestellt. Ich hab immer noch keine Ahnung was abgeht."

Myriams Augen wurden noch verständnisloser.

„Das wird sich alles gleich dort oben klären", sprach uns Christian beruhigen zu, während er uns in Richtung des Einganges schob. „Ich bin hier, um euch zu helfen, aus der Sache heil rauszukommen. Und genau das werde ich auch tun."

Myriam nickte. „Okay. Aber was soll das kosten?"

Interessant. Die Frau schaltete schnell.

„Ein Abendessen. Zu dritt natürlich." Christian grinste. Er konnte es einfach nicht lassen. Aber sein gewitzter Charme war im Endeffekt der letzte Eisbrecher. Myriam lächelte geschmeichelt und wir gingen zum Aufzug. In der Ferne läutete ein Kirchturm 12 Uhr.

High Noon.

35.

Es war interessant, Grobis Agentur bei Tageslicht und voll besetzt zu sehen. Telefone klingelten, beschäftigte Arbeiterbienen in ausgesucht-exquisiten Businessoutfits wuselten um uns herum. Grafiker starrten auf bunte Bildschirme und von Zeit zu Zeit gluckerte der Wasserspender. Einzig die bunt gestaltete *Recreation Area* inklusive Kletterwand und Kickertisch sowie der großzügige Fitness-Raum irritierten ein wenig die ansonsten gediegene, professionelle Büroatmosphäre.

Nachdem wir uns angemeldet hatten, führte uns eine junge Dame mit aparter Hochsteckfrisur in einen modern eingerichteten Besprechungsraum. Der ovale Tisch in der Mitte bot sicherlich Platz für zwanzig Personen. Sie nahm unsere Getränkebestellungen auf und verabschiedete sich mit den Worten, dass Herr Grobinski gleich bei uns sein würde.

Es dauerte keine fünf Minuten, dann öffnete sich die Tür erneut und Grobi trat ein. Er trug einen Anzug, der haargenau so aussah, wie der, den er gestern Abend und die Abende davor getragen hatte – vermutlich hatte er sich damals gleich ein paar davon anfertigen lassen. Er begrüßte uns freundlich, war aber zunächst etwas irritiert bezüglich Christians Erscheinens.

„Verzeihung, wir kennen uns noch nicht. Lennart Grobinski. Gehören sie zum Filmteam?"

„Nein, um Gottes willen! Ich bin nur ein ganz stink langweiliger Anwalt! Guten Abend, Dr. Christian Berckel mein Name. Ja, ähnlich wie der Schauspieler, wird aber mit einem „C" geschrieben und ich bin Doktor. Dafür bin ich aber nicht annähernd so begabt", stellte sich Christian eloquent vor.

Ich fragte mich, wie oft er diese Introduktion geübt hatte, bevor sie seiner Meinung nach perfekt war.

Grobi hatte sich indes wieder gefangen. „Angenehm", erwiderte er kühl, aber höflich. Er gab Christian die Hand und ging dann zu dem Besprechungstisch um sich hinzusetzen. Wenn er lief, strahlte er trotz seines hyänenhaften Gangs eine beeindruckende Entschlossenheit aus.

„Nun, umso besser, würde ich sagen." Am Tisch angekommen war Grobi wieder ganz der Alte. „Dann sollte einem erfolgreichen Geschäft ja nichts mehr im Wege stehen. Bedienen sie sich, meine Herrschaften, und nehmen sie Platz. Der Rest sollte auch bald da sein."

„Darf ich hier drinnen rauchen?", fragte ich schüchtern, nachdem ich meinen Mantel abgelegt und mich zu Grobi an den Tisch gesetzt hatte.

„Ich fürchte nein. Das geht nur in meinem Büro und auf der Terrasse. Maya zeigt ihnen gern den Weg, wenn sie..."

In diesem Moment öffnete sich die Tür zum Raum erneut, Sekretärin Mayas Kopf erschien und kündigte den „Rest der Gesellschaft" an. Ich verschob meine Idee zu rauchen auf nach dem Meeting. Eigentlich hatte ich eh keine Lust mehr auf eine Zigarette. Ich war viel zu aufgekratzt.

Kurz darauf traten Bull, Victor, Adam und schließlich Sandra ein. Nachdem sich alle kurz begrüßt und hingesetzt hatten und ich mich in der Runde um sah, kam ich auf die Idee, dass wir in dieser Gruppe mal die Situation von *Die zwölf Geschworenen* nachstellen sollten. Wir waren zwar nur acht aber dafür ein hervorragender Grundstock für eine explosive Mischung an Jurymitgliedern.

„Meine Damen und Herren", riss mich Grobis Auftakt aus meinen Tagträumen, „herzlich willkommen in meinem Hause. Die einen oder anderen unter Ihnen kennen sich und ich denke, dass zumindest eine Person in unserer Runde uns allen bekannt ist: Marius." Sollte ich mich jetzt verbeugen? Oder lieber knall rot anlaufen und aufgeregt hin- und herblicken? Zu spät. Ich hatte letzteres getan.

„Marius verbindet uns alle", fuhr Grobi in fast klerikalem Sing-Sang fort, „und durch ihn sitzen wir jetzt alle an diesem Tisch. Und ich denke, das ist gut so."

Spätestens jetzt wendeten sich alle Augenpaare Grobi zu. Die Blicke dieser Augen reichten von interessiert bis äußerst skeptisch.

„Ich denke, auf diese Weise können wir alle gemeinsam unsere Probleme lösen. Oder etwas lapidarer ausgedrückt: wir können uns alle gegenseitig den Arsch retten." Ein leises

Murmeln zog sich durch die Zuhörerschaft, und ich war abermals beeindruckt, dass dieses Murmeln sogar in ganz kleinen Gruppen entstehen kann. Genau wie die anderen war ich gespannt wie ein Langbogen, was Grobi uns jetzt gleich eröffnen würde.

„Aber beginnen wir mal am Anfang, und obwohl wir uns alle schon einmal telefonisch kennengelernt haben, fange ich mal mit meiner Vorstellung an."

Oh nein, dachte ich. Gleich holt er ein Wollknäuel heraus, dass wir uns dann gegenseitig zuwerfen sollen, während wir uns gegenseitig peinliche Kennenlern-Fragen stellten. Bei diesen Werbeleuten weiß man ja nie. Zum Glück wurde meine Befürchtung nicht bestätigt.

„Ich bin Lennart Grobinski", fuhr er zügig fort, „Inhaber dieser und anderer Werbeagenturen und Geschäftsmann. Und..." und dabei nickte er Sandra zu, „wie eine junge Dame aus dieser Runde hier herausfand, habe ich auch mal einen Ausflug ins Filmgeschäft gewagt...."

„Der aber in einigen Bruchlandungen endete", unterbrach ihn Sandra selbstbewusst. „Bevor das hier zum Laberkreis wird", fuhr sie fort und dem verdutzten Grobi damit über den Mund, „sag ich euch einfach, was Sache ist. Ihr wisst, dass Marius ein paar Probleme hat, die vor allem mit Geld zusammenhängen."

Ich spürte es, es war wieder so weit. Mein Gesicht wechselte erneut die Farbe.

„Außerdem hat der Film ein Finanzierungsproblem. Um diese missliche Lage zu lösen habe ich die Probleme auf einen Haufen geworfen, ein wenig recherchiert und ein ganz normales...", und dabei sah sie erst Bull, dann mich scharf an, „Gespräch geführt und die Sache war erledigt. Naja, noch nicht ganz, aber darum sitzen wir ja hier."

Inzwischen hatte sich Grobi wieder gefasst und ergänzte Sandras Ansprache noch mit seinen eigenen Worten: „Ja, so ist die Ausgangssituation. Kurz zusammengefasst: Mir wurde das äußerst interessante Angebot gemacht, in euren Film zu investieren. Zugleich sollen über den Dreh Marius und Myriams Schulden bei mir getilgt werden – vielleicht über einen Teil seiner Gage oder der Rendite eines Mitproduzenten. Der Vorschlag klingt für mich durchaus machbar und gewinnbringend. Von dem rein emotionalen Fakt einmal abgesehen, dass es mein Ego kitzeln würde, mich doch noch einmal Filmproduzent nennen zu dürfen. Das war ein sehr kluger Schachzug, Fräulein Sandra."

Sandra nickte nur lächelnd. „Also", sagte sie im Anschluss an Grobi, „wir sind hier, um diesen Deal zu besprechen. Adam und

Christian wissen schon bescheid und haben ein paar Vorschläge mitgebracht. Ihr seid alle herzlich eingeladen euch einzubringen und mit zu beraten!"

Ich spürte, wie sich in mir ein vorsichtiges Gefühl der Erleichterung ausbreitete. Zum ersten Mal seit Tagen konnte ich mir ernsthaft vorstellen, dass meine ganzen Probleme vielleicht doch lösbar waren.

Das würde ein langer Abend werden.

36.

Die Gespräche, die daraufhin folgten, waren wie erwartet lang und nervenaufreibend. Wir verhandelten über Gagen, Beteiligungen, Raten, Zinsen, Auszahlungen und Zeiten. Nach einer Weile war es nahezu unerträglich.

Zuerst verließ Victor den Raum. Er hatte mit der ganzen Vertragsgeschichte nur peripher zu tun und dieser „Rechtskram" langweilte ihn zu Tode, was ihn schnell dazu veranlasste, mit einem Whiskeyglas und einer erschnorrten *Montecristo* auf die Dachterrasse der Agentur auszuweichen.

Myriam war die nächste, die ihm folgte. Nachdem sie ihrem Verständnis folgend sicher war, dass ihre Schäfchen im Trockenen sein würden, ließ sie die kostenlose Vorlesung über die rechtlichen Feinheiten eines

Koproduktionsvertrags sausen und verließ den Besprechungsraum. Sie entschuldigte sich für eine Zigarette auf die Terrasse, von der sie nicht zurückkehrte.

Bull hatte mir standhaft die Treue gehalten und sich sogar von Zeit zu Zeit eingebracht. Immerhin war er selbst Unternehmer im Filmgeschäft. Auch Sandra war nicht von unserer Seite gewichen, obwohl sie selbst am Wenigsten mit der Sache zu tun hatte. Aber schließlich, als tatsächlich nur noch Feinheiten zur Ausgestaltung der Filmfinanzierung zu klären waren, durften auch wir uns verabschieden und überließen die verbliebenen Drei ihrem ungewissen Schicksal.

„Und meinst du, das war's jetzt? Es..." fragte Bull, wurde aber sofort von Sandra unterbrochen.

„Sag jetzt nicht ‚Es ist vorbei' wie in einem dieser grauenhaften Mainstream-Hollywood-Thriller. Wenn du das jetzt sagst, kommt dein Arsch auf meine Liste."

„Hihi, Filmzitat", warf ich kichernd ein. Sandra drehte sich um und sah mich finster an. „Full Metal Jacket", gab ich entschuldigend zurück.

„Nerd", sagte sie zwinkernd und ihr Gesicht wurde zu einem Lächeln. „Aber Bull, ich denke schon. Allerdings ist dieser Grobinski keine leicht zu knackende Nuss."

Grobi war zwar kein erfahrener Filmproduzent, aber vielleicht genau aus diesem Grund ein harter Verhandlungspartner. Schon während der vorangegangenen Stunden hatte Adam einige Mühe damit gehabt, den tüchtigen Werber im Zaum zu halten.

Kurz darauf kamen Bull, Sandra und ich auf der Terrasse an und fanden dort Victor und Myriam vor, die stumm nebeneinander standen und rauchten. Als sie uns kommen hörten, drehten sie sich um und fragten sofort, wie es denn um die Sache stünde.

Ich kam mir vor als wäre ich ein Kandidat bei einer dieser unzähligen Castingshows – frisch aus dem Recall. Wie sieht's aus? Wie ist es gelaufen? Das im Fernsehen nur selten einer dieser anstrengenden „Back-Stage-Moderatoren" niedergeschlagen wird, grenzt meiner Meinung nach an ein Wunder. Wir konnten berichten, dass unserer Ansicht nach alles gut gelaufen war und die drei da unten jetzt nur noch Feinheiten besprachen – oder sogar schon Verträge unterzeichneten. Vielleicht war meine erste Idee mit der Castingshow doch nicht die richtige, um zu beschreiben, wie wir uns fühlten: Es war mehr das Gefühl, als hätten wir alle gemeinsam an einer lebensrettenden, chirurgischen Operation teilgenommen. Nach und nach kamen Ärzte aus dem OP, um vom Fortschritt des Eingriffs zu berichten. Zum Glück war relativ schnell nach Beginn der OP klar geworden, dass unser Patient noch zu retten war.

Wobei, genau genommen, dann eigentlich ich selbst der Patient gewesen bin.

Etwa eine halbe Stunde später, während Victor, Myriam und ich überlegten, ob man nicht eine Pizza bestellen sollte, kam dann endlich die endgültige Auflösung. Die letzten drei Ärzte traten aus dem OP-Saal. Als erster kam, erneut das fratzenhafte Gewinnerlächeln auf den Lippen tragend, Grobi die Wendeltreppe zur Terrasse herauf. Ihm folgte der angestrengte, aber immer noch gut gelaunte Christian. Den Schluss bildete Adam, bei dem das stundenlange Ringen eindeutig die meisten Spuren hinterlassen hatte: er wirkte angegriffen und kraftlos, schien aber trotzdem zufrieden zu sein.

Als Grobi die Mitte der Terrasse erreicht hatte, zauberte er eine Champagnerflasche hinter seinem Rücken hervor, ließ den Korken knallen und rief: „Herrschaften, auf die Filmwirtschaft! Mögen wir einen bleibenden Eindruck hinterlassen!"

Patient am Leben.

Prognose: ungewiss. – Tendenz: positiv.

37

Ein paar Tage später klopfte es abends an meiner Tür, und zu meiner Überraschung stand unangemeldet Bull mit einem Sixpack Bier davor.

„Kann ick rinnkomm'n?", fragte er mit gespieltem Berliner Akzent, den er immer dann auflegte, wenn er locker erscheinen wollte, „oder haste Damenbesuch?"

„Nee, allet jut", ging ich auf sein Spiel ein, „komm'se rinn, könn'se rauskieken." Glücklicherweise hielt dieser Zustand akuter Sprachverwirrung nur ein paar Sätze an. Nach ein bisschen Smalltalk und einigen kurzen „und sonst so?"-Momenten kamen wir mit dem Gespräch zum eigentlichen Grund für Bulls Besuch.

„Ich habe mich von Myriam getrennt", sagte er schließlich. „Obwohl wir, wenn man es genau nimmt, ja nicht zusammen waren. Aber ich habs trotzdem beendet."

„Oh, okay", antwortete ich verblüfft, „und wie kommt's?"

„Naja", erklärte er ruhig, „sie hat mir irgendwann gestanden, dass sie mir zuvor noch nicht die ganze Geschichte über das, was in dieser Nacht passiert ist, erzählt hatte. Was sie in ihrer Beschreibung ausließ, war, das sie in dieser Nacht auch noch mit nem anderen gevögelt hatte."

Ich schluckte. Ich hatte diesen Teil der Geschichte ihm gegenüber auch... „ausgelassen". Was würde jetzt passieren? Hatte Myriam ihm gesagt, dass ich das war? Oder vermutete es Bull sowieso? Völlig egal. Ich hatte genug von der Lügerei und den Spielchen.

„Ja, ich weiß", entgegnete ich ebenso ruhig. Er sah mich mit leicht überraschter Miene an.

„Ich weiß, dass sie in dieser Nacht mit jemandem Sex hatte. Und zwar mit mir." Ängstlich blickte ich zu Bull hinüber. Anstatt des erwarteten hochroten Kopfes nickte mir jener nur wissend zu.

„Ich hab's mir schon gedacht, Mann. Myriam hat nichts gesagt, aber wir sind alle die Timeline der Nacht so oft durchgegangen... da gab's gar keine Zeit für Abenteuer mit anderen. Ich wollte nur sehen, ob du die Eier hast, es mir ins Gesicht zu sagen. Herzlichen Glückwunsch." Bull nahm sein Bier hoch, lehnte sich auf der Couch zurück und deutete ein Zuprosten an.

„Und dich stört das gar nicht?", fragte ich ihn irritiert.

„Naja, schon ein bisschen", gab er locker zu, „aber im Endeffekt habe ich eher das Gefühl, dass du da für mich ne Kugel abgefangen hast – wenn du verstehst was ich meine."

Natürlich verstand ich, was er meinte. Bulls Logik war etwas eigentümlich, aber im Grunde simpel: Wenn ich nicht gewesen wäre, wäre er vermutlich früher oder später in eine dieser Drogengeschichten von Myriam reingeraten. Und für meine Zuarbeit bei der Erlangung der Erkenntnis, dass er lieber die Finger von dieser Frau lassen sollte, war er mir fast sogar ein wenig dankbar.

„*You dogded a bullet*, wie die Amis sagen würden", gab ich sein zuprosten zurück.

„*We all did*", antwortete er langsam und in Kombination mit einer verschwörerischen Geste. Wir schwiegen einen kurzen Moment.

Dann fragte Bull: „Und wie steht's jetzt mit dir und Sandra?"

„Ganz gut, denke ich", antwortete ich oberflächlich, während ich panisch versuchte in meinem Kopf die richtigen Worte aneinander zu reihen. „Sie hat mir gesagt, dass sie erst mal eine Auszeit braucht. Die ganze Aktion hat wohl auch bei ihr und Martin Stress ausgelöst und darum will sie sich jetzt erst mal kümmern."

„Kann man ja auch verstehen", kommentierte Bull.

„Ja. Und wir haben uns nicht im Bösen getrennt. Sie wirkte, nachdem die ganze Aktion gelaufen war, nur selber total verwirrt. Irgendwie erschöpft, nachdenklich und glücklich zugleich. Ich fand es eine gute Idee, dass jeder jetzt erst einmal in Ruhe wieder zu sich selbst findet."

Bull nickte nachdenklich. „Du bist immer noch total in sie verliebt, oder?", fragte er anschließend äußerst direkt. Ich grinste. Natürlich wusste Bull das – vermutlich wusste es jeder, der mich länger als vier Tage kannte und Sandra und mich in einem Raum zusammen gesehen hatte. Wahrscheinlich war er deshalb auch nicht wirklich sauer, was die Sache mit Myriam betraf. Er wusste, dass ich selbst mich darüber am meisten ärgerte. „Ähm... ja. Ich denke schon", gab ich schließlich leise zurück.

„Dann mach endlich was, Alter. Nehmt euch jetzt die Zeit, aber danach musst du echt mal in die Hufe kommen! Ihr kennt euch jetzt ne Ewigkeit und schleicht seit Jahren um einander rum, wie ich gehört habe. Falls du es noch nicht mitbekommen hast: Die Zeit bleibt nicht stehen. Und wenn man zu lange wartet, kann es sein, dass irgendwann alle Chancen vertan sind..."

Doch, inzwischen hatte ich es mitbekommen. Genauer gesagt war das in diesem Moment das Einzige, an das ich mich von Sandras Party erinnern konnte: Das Gefühl, das mir die Zeit wie Sand durch die Finger geronnen ist, und ich es verpasst hatte, auch nur einmal zuzugreifen. Das war das letzte

Puzzlestück, das mir zu Vollendung meiner Erinnerung noch gefehlt hatte.

Plötzlich hatte ich das Gefühl, Sandra unbedingt kontaktieren zu müssen. Ich verbarg diesen Impuls mit einer Übersprunghandlung indem ich aufstand und zum Kühlschrank ging, um neues Bier zu holen.

„Naja", löste Bull schließlich die Situation auf, „war jedenfalls echt ne krasse Geschichte, was da die letzten Tage so abgelaufen ist. Ich bin jetzt total gespannt, wie der Film wird, nach so einem turbulenten Start."

Ich blieb in der Küche stehen und lehnte mich nachdenklich an die Arbeitsplatte. Darüber hatte ich noch gar nicht nachgedacht. Natürlich hatten wir durch den ganzen Ärger im Endeffekt dafür gesorgt, dass mein beziehungsweise unser Film nun doch gedreht werden konnte. Die Dreharbeiten liefen bereits und meinen regelmäßigen Besuchen am Set und den Berichten des Teams nach zu Folge auch sehr gut.

Während der Kinozuschauer nur in seinem gemütlichen Sessel sitzt und den Film entweder mit „Daumen hoch" oder „Daumen runter" bewertet, wird dieser Streifen uns eingeweihte Beteiligte immer an die abgefahrene Story erinnern, die mit seinem Drehbeginn einhergegangen ist. Dieser Film war wie eine Art Medaille für das Bestehen eines Abenteuers – wenn er schlecht wurde vielleicht auch nur eine Teilnehmerurkunde.

Nichtsdestotrotz gefiel mir dieses Gefühl. In nicht allzu ferner Zukunft würden wir alle wieder gemeinsam im Kino sitzen und – egal ob es gut oder schlecht war – das Werk bewundern, für das wir so hart gekämpft hatten. Diese Vorstellung machte mich mit einem Male sehr zufrieden, auch wenn mich persönlich die Arbeit an diesem Stück Filmgeschichte mehrmals an den Rand der Verzweiflung gebracht hatte.

Da sag noch einer, dass Filmproduktion kein spannendes Geschäft wäre. Diesmal war alles dabei gewesen: Schöne Frauen, Drogen, Gangster, ein schnelles Auto und sogar ein – zugegebener Maßen nicht echter – SEK-Einsatz.

Wie im Drehbuch.

Epilog

Einige Wochen später saß Marius im Set-Wohnwagen an seinem Rechner.

Es war der letzte Drehtag von *Großstadt-romantik* und er hatte sich zuvor das Recht ergaunert, den Großteil der Dreharbeiten in dem Wohnwagen von Regie, Regieassistenz und Continuity verbringen zu dürfen. Er war zwar ein wichtiger Teil der Produktion, hatte aber während des Drehs als Co-Autor und Mitproduzent nur wenige, durchgängige Aufgaben zu erfüllen. Daher hatte er sich vor allem am Catering gütlich getan und die Zeit genutzt, ein paar grobe Ideen für sein zweites Buch zu sammeln.

Es klopfte an der Tür des Wohnwagens und kurz darauf trat Sandra ein.

„Letzte Klappe! Kommst du?"

Sandra und Marius hatten sich während der ganzen Dreharbeiten gut verstanden, aber wenig Zeit gehabt, über private Dinge zu sprechen. Am Ende der langen Tage hatte er ihr immer wieder angeboten, sie nach Hause zu fahren. Aber da ihre Wohnung auf der Route eines der Setfahrer lag, hatte er sich nicht durchsetzen können.

„Ja, klar", antwortete Marius und klappte den Laptop zu. Die letzte Klappe war immer ein schöner Moment während eines Drehs, auf den Marius großen Wert legte. Gemeint ist damit die letzte Einstellung, die für den Film am Ende eines Drehs aufgenommen wird. Meistens, so zeigt jedenfalls die Erfahrung, wird aus der „letzte Klappe" eher eine „letzte, allerletzte oder allerallerletzte Klappe". Aber das war ihm jetzt egal. Irgendwann würde auch jene Einstellung im Kasten sein, und selbst wenn das Team zu diesem Zeitpunkt vermutlich schon übermüdet und fertig mit den Nerven war, wollte sich doch niemand das Abschlussbier nehmen lassen.

Bei vielen Drehs gab es nach Vollendung der Dreharbeiten eine Party, zu der möglichst alle Teammitglieder noch einmal zusammen kamen um die gemeinsame Arbeit zu feiern. Wenn es solche Partys gab, ging es darauf in der Regel ziemlich ausgelassen zu. Sie waren durchaus vergleichbar mit den Beschreibungen einiger „betrieblicher Weihnachtsfeiern", wenn man der Gerüchteküche Glauben schenken mag. Und für *Großstadtromantik* war selbstverständlich auch eine Abschlussparty geplant.

Zunächst gingen Sandra und Marius aber zum Set, um mit dem Rest des Teams nach Abschluss des letzten Drehs anzustoßen und *„it's a wrap"* zu rufen. Es war ein großes Team und sie alle hatten hart gearbeitet. Selbstverständlich hatte es noch jede Menge Chaos gegeben, bis sie schließlich an diesem Punkt angekommen waren.

Die „letzte Klappe" fiel und es war zu Marius Verwunderung tatsächlich auch nur eine – was der abergläubische Kameraassistent mit einem fröhlichen „das ist ein gutes Zeichen!" kommentierte. Alle klatschten, umarmten sich und prosteten sich zu. Kurz darauf aber wurde die Arbeit schon wieder aufgenommen. Auch wenn der Frühling sich von seiner besten Seite gezeigt hatte, war es doch ein langer letzter Drehtag geworden. Es musste noch eine Menge geschraubt und ordentlich verstaut werden, bis dann wirklich Arbeitsschluss war.

Auch Sandra und Marius packten ihre Sachen, verabschiedeten sich von einigen Teammitgliedern, die noch am gleichen Tag aus Berlin abreisten und verabredeten sich mit den restlichen für die spätere Party. Anschließend brachte Marius Sandra zu dem Shuttlebus, der sie jetzt erst Mal zu Hause absetzen würde.

„Holst du mich nachher mit deiner heißen Schüssel ab?" fragte sie mit einem verschmitzten Zug um die Mundwinkel.

„Äh, klar, okay. Kann ich machen", stotterte Marius zurück.

„Dann fahren wir zusammen zur Party und können auf dem Weg noch ein bisschen quatschen." Im Gegensatz zu der Harmlosigkeit ihrer Aussage hatte ihr Mund sich zu einem schlitzohrigen Lächeln geformt.

„Zum Beispiel über dein neues Buch", fügte dieses Lächeln noch geradezu harmlos an. Marius war irritiert. Hatte er das richtig verstanden? Sie wollte mit ihm sein neues Buch besprechen? Und was sollte diese Körpersprache, die so gar nicht zu dem eigentlich simplen Inhalt ihrer Sätze passen wollte? Entweder, dachte er, hatte er über die einsamen Tage in dem Wohnwagen seine gesamte Empathie eingebüßt oder Sandra verhielt sich eigenartig. Allerdings nicht auf eine unangenehme Weise, wie er sich mit einem inneren Lächeln eingestehen musste.

„Puh, naja. Eigentlich habe ich noch keine konkrete Idee und du glaubst doch nicht, dass Du nach Wochen des umtextens und der Dialogarbeit noch ein vernünftiges Wort aus mir herauskitzeln kannst, oder?", gewann Marius erst einmal Zeit. Direkt danach, noch bevor sie antworten konnte, fügte er stichelnd hinzu: „Außerdem, stört es nicht deinen persönlichen Bankvorstand zu Hause, wenn du zu einem fremden Filmproduzenten und Drogendealer ins Auto steigst?" Er hatte zwar keine Ahnung, welches Spielchen sie genau spielte – aber er war erst einmal mit eingestiegen.

Sandra lachte spöttisch. „Martin? Nein, der ist vor ner Woche ausgezogen. Freiwillig. Das passt einfach nicht zwischen uns. Aber von einem Drogendealer bist du noch weiter entfernt als *Berlin Tag und Nacht* von einem ordentlichen Sendeformat." Schließlich drehte sie elegant den Kopf nach oben, lächelte ihn an und sagte in einem aufregend verschwörerischen Ton: „Außerdem, wer sagt denn, dass ich es heute Nacht auf deine Worte abgesehen habe?"

Ohne ihm Zeit für eine Reaktion zu geben umarmte sie Marius, gab ihm einen kurzen Kuss auf die Wange und verschwand im Teambus. Kurz darauf gab der Setfahrer Gas und der Transporter entschwand in die Dunkelheit. Marius stand einen Moment lang da als hätte man ihn schockgefroren. Er brauchte eine Weile, bis er alle Informationen verarbeitet hatte, die er von Sandra gerade erhalten hatte. Schließlich, ohne dass er es merkte, verzog sich sein Mund zu einem breiten Grinsen. Er drehte sich um und ging beschwingt in Richtung seines Autos.

Als er abends vor Sandras Haustür stand war er bester Laune. Er war sich zwar nicht sicher, wie die Nacht verlaufen würde. Über eines jedoch war er sich im Klaren: Wenn es für ihn tatsächlich noch einmal die Chance gäbe, Sandra für sich zu gewinnen, würde er sie diesmal nicht einfach verstreichen lassen!

Seine Laune steigerte sich sogar noch, als Sandra schließlich aus der Haustür trat. Da war sie wieder, die alte Sandra!

Offene, wild-gelockte Haare, ein selbstgestrickter Wollschal, enge, gut sitzende Jeans und Sneaker. Sie hatte sogar ein dezentes Makeup aufgetragen, und als er sie zur Begrüßung umarmte, sog er den angenehmen, süßlichen Duft ihres Parfums förmlich in sich auf. Dauerte diese Umarmung länger als gewöhnlich? Oder bildete er sich das nur ein?

Als sie sich schließlich voneinander lösten, öffnete er ihr die Beifahrertür des Mustangs, wofür sie sich mit einem scherzhaft angedeuteten Knicks bedankte. Während er sich neben sie auf den Fahrersitz setzte, fragte er schlitzohrig: „Na, kann's losgehen?" Sandra grinste und nickte. „Na dann zeig mal, was in der Kiste drin steckt", forderte sie ihn heraus.

Auf dem Weg zur Party Location quatschen und lachten sie und rekapitulierten die vergangenen Wochen. Schließlich erinnerten sie sich an die aberwitzige Geschichte, die den Dreharbeiten vorangegangen war, und ihnen jetzt vorkam, als würde sie schon Jahre zurückliegen.

„Naja", schloss Sandra das Thema ab, „im Endeffekt ist ja jetzt alles gut gegangen. Oder zumindest auf einem guten Weg dahin. Hab ich so im Gefühl." Bevor Marius etwas erwidern konnte, fügte sie hinzu: „Oh, der Song ist super! Ich mach mal lauter."

Knisternd klang *Colin Hays „Beautiful World"* aus den Boxen des Mustangs. Marius lächelte.

„My, my, my it's a beautiful world..."

Mit blubberndem Motor fuhren sie durch die belebten Straßen Berlins, beleuchtet vom schummrigen Licht der Straßenlaternen und dem zeitweisen Aufblitzen gigantischer Werbetafeln. Keiner von beiden sprach ein Wort.

„...I like driving in my car. Roll the top down, sometimes I travel quite far..."

Marius spürte, wie Sandra vorsichtig ihre Hand auf die seine legte, so dass beide Hände jetzt übereinander auf dem Schaltknüppel ruhten.

„...now I leave the party early, at least with no regrets. I watch the sun as it comes up, I watch it as it sets..."

Während im Hintergrund die letzten Sonnenstrahlen den Himmel über Berlin in ein buntes Farbenspiel tauchten, legte Sandra sanft ihren Kopf auf Marius Schulter.

„...yeah, this is as good, as it gets..."

‚Ein Ritt in den Sonnenuntergang hätte wohl kaum kitschiger sein können', dachte er zufrieden, ‚aber manchmal ist kitschig eben einfach gut'.

FIN

Danksagung

An erster Stelle möchte ich mich bei Linda, der besten Lektorin der Welt, und bei Jonas, durch dessen Einfälle diese Geschichte ihren letzten Schliff bekommen hat, ganz herzlich bedanken. Ihr wart mir beide wirklich eine unersetzliche Hilfe!

Ein weiteres großes Dankeschön gilt Astrid, Katrin, Alexandra und Marcel, durch deren liebevolle Unterstützung es mir ermöglicht wurde, diese Arbeit zu einem erfolgreichen Abschluss zu bringen.

Schließlich möchte ich noch allen mir wohlgesonnenen Lesern danken, für die dieses Buch hoffentlich, genauso wie für mich, erst den Anfang darstellt.